Coleção

Biblioteca

do Maçom

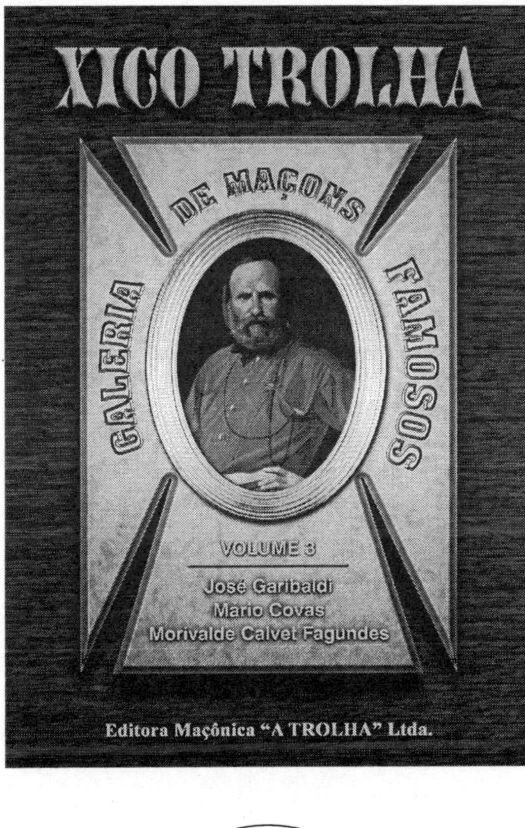

EDITORA MAÇÔNICA
A TROLHA

Francisco de Assis Carvalho

GALERIA DE MAÇONS FAMOSOS

VOLUME 3

Editora Maçônica "A TROLHA" Ltda.
Av. Maringá, 335 – Fone (43) 3327-1982 – Fax (43) 3348-0915
Cx. Postal 938 – CEP 86001-970 – Londrina – PR

Londrina, outubro de 2002

Obediência: *Grande Oriente do Brasil*

Coordenação Geral: **Conselho Editorial**
1ª Edição: **2002**
Tiragem: **2.000 exemplares**
Preparação e Diagramação: **Maristela Meneghetti**
Capa: **Sérgio Mari Júnior /Ulisses R. Merede Candreva**
Revisão: **Virgínia Cristina Audi Ayres**
Impressão e acabamento: **Gráfica e Editora Artgraf**

Dados Internacionais de Catalogação na Publicação
(CIP-Brasil) CATALOGAÇÃO NA FONTE

C331g Carvalho, Francisco de Assis
Galeria de Maçons famosos / Francisco de Assis Carvalho. 1ª ed. Londrina: Ed. Maçônica "A TROLHA", 2002.
V. 3: 216p.: il.; 20,2 cm. (Coleção Biblioteca do Maçom).

ISBN: 85-7252-070-8 Vol. 1
ISBN: 85-7252-102-X Vol. 2
ISBN: 85-7252-146-1 Vol. 3

1. Homens, biografias de. I. Título.

CDD 920
CDU 920.71

Índices para catálogo sistemático:

1. Maçonaria – Biografias.
   920.71 (CDU)
2. Garibaldi, José – Biografia.
   920.71 (CDU)
3. Covas, Mário – Biografia.
   920.71 (CDU)
4. Fagundes, Morivalde Calvet – Biografia.
   920.71 (CDU)

EDITORA MAÇÔNICA "A TROLHA" LTDA.
Av. Maringá, 335 – Centro
86060-000 – Londrina – PR
Cx. Postal 938 – CEP 86001-970
Fone: (43) **3327-1982** – Fax: (43) **3348-0915**

ASSIS
"XICO TROLHA"
EX LIBRIS
"LUTANDO PELO
ENTENDIMENTO"

Sumário

Apresentação

Meus Irmãos, este já é o 29º livro que escrevo e publico. Publiquei meu primeiro livro – "CARGOS EM LOJA", em junho de 1986. Em 12 anos de luta, estou chegando perto dos 30 títulos. No Prelo tenho mais 6 títulos, sendo eles: ***"Instruções para os Graus 4, 5, 6 e 7"; "Instruções para os Graus 8 e 9"; Instruções para o Grau 14"; Instruções para o Grau 18".*** *E mais:* ***"Usos & Costumes nº 4"*** *e* ***"Ritos & Rituais nº 5"****, o que eleva para 35 livros, em 16 anos de trabalho. O que me coloca entre os* ***Cinco Escritores Maçônicos****, mais prolíferos do Brasil. Os outros quatro são: José Castellani (1º lugar, com mais de 60 títulos); Kurt Prober, Rizzardo da Camino e Frederico Guilherme Costa. E ninguém pode negar que estou em muito boa companhia.*

Nos dois volumes anteriores, eu apresentei os seguintes IIrm∴: ***Volume I: Adauto Barreto da Silva Nem, Dario Vellozo, Jean Sibélius.*** *No* ***Volume II: Fernando Salles Paschoal, Nicola Aslan, Joseph Brandt, Búfalo Bill*** *e o* ***Cavaleiro de Ramsay.***

Neste, estou com mais três: ***Mário Covas, Morivalde Calvet Fagundes*** *e* ***Giuseppe Garibaldi****. Nada, nada, já são 11 Irmãos radiografados.*

A Pequena Biografia de Giuseppe Garibaldi será de grande importância, porque não há no mercado livreiro maçônico nenhum livro sobre Garibaldi, Maçom, aqui entre nós. Talvez tenha sido uma das melhores pesquisas feitas sobre a vida maçônica desse Herói de Dois Mundos – o NOVO e o VELHO. Assim como Covas e Calvet, ninguém mais soube tão bem honrar a Maçonaria. Foi uma longa vida, dedicada à Maçonaria, à Carbonária e à Unificação de sua Itália despedaçada, desarticulada, desmembrada, quase por inteiro, pela Igreja de Roma. Pois ele, apesar de todos os contratempos, entregou a Itália Unida, para o Rei Emanuel governá-la. Ele não queria a Itália para si; e, sim, para os italianos que viviam separados, desunidos, sob a tutela do Vaticano.

Em que pese existir mais de ***19 mil*** *biografias de Garibaldi, no Brasil, elas não chegam a 20 Biografias. Daí, talvez, essa falta de conhecimento que se possui sobre esse grande Guerreiro Italiano, que quase se igualou a Napoleão, a César, Pompeu, Nelson e Wellington.*

Garibaldi *foi Herói, num mundo mais complexo que o mundo de seus compatriotas – Pompeu, Crasso e César.*

Outro grande General que trazemos para este livro, não é um General Guerreiro. A espada que manejou com grande maestria, não era bem uma espada, mas sim uma caneta. Foi um Guerreiro Incruento, que jamais derramou uma única gota de sangue de seus contemporâneos. Mas os fez felizes, lendo suas obras.

Estou falando do ***General Morivalde Calvet Fagundes****.* ***Calvet****, falecido recentemente, assim como* ***Mário Covas****, foi um Maçom que muito fez pela Ordem.*

Se ***Garibaldi*** *viveu e morreu no século XIX,* ***Calvet*** *e* ***Covas*** *foram nossos contemporâneos e viveram e morreram muito próximos de nós.*

Com ***Calvet*** *estivemos, muitas vezes, dentro e fora das Lojas, em nossas andanças pelo Brasil.*

Três Homens, três Grandes Maçons, três destinos diferentes. Três Indivíduos que marcaram com fogo o chão de seus caminhos. E eu me sinto tão orgulhoso de ter sido contemporâneo desses dois Gigantes da Maçonaria – ***Calvet*** *e* ***Covas*** *– e ter convivido com um, e sofrido as garras da Ditadura, com o outro.*

É por esses e alguns outros motivos, que sou apaixonado pela Maçonaria. Se nunca tivesse sido Maçom, nunca teria chegado tão próximo desses dois IIrm∴, tão queridos.

Vou ficando por aqui, desejando que vocês apreciem, que aprovem o que escrevi, sobre esses Homens, esses Irmãos. Eu estou feliz por ter escrito sobre eles. Isso me fez gostar ainda mais de suas pessoas.

José Garibaldi

1807 – 1882

GARIBALDI
Herói de dois mundos

Introdução

No meu livro **"ITAMBÉ - BERÇO HERÓICO DA MAÇONARIA"**, publicado em 1996, por ocasião do BICENTENÁRIO DE ITAMBÉ, eu falo um pouco sobre Garibaldi, no texto – **"UM PADRE QUE AJUDOU A DERRUBAR UM PAPA"**. Só que nesse Trabalho, que não era só sobre José Garibaldi, mas, sim, sobre as ironias da História, ou as peças que a História costuma pregar em nós.

É bem verdade que nesse Trabalho eu falo mais sobre o Garibaldi, Carbonário[1] e o Triunvirato – MAZZINI, CAVOUR e GARIBALDI, que fizeram a Unificação da Itália.

Sobre a vida profana e carbonária de Garibaldi, já muito se escreveu. Eu mesmo possuo em minha Biblioteca uns dez volumes de autores diferentes, inclusive o **"MEMÓRIAS"**, escrita pelo próprio, e traduzida para o francês, pelo famoso Romancista Maçom – Alexandre Dumas pai, e traduzido para o português, para comemorar seu 1º Centenário, festejado em 4 de julho de 1907, com muita pompa lá no Rio Grande do Sul, muito especialmente na cidade de Rio Grande.

O seu lado maçônico é que não foi muito divulgado, entre nós, brasileiros. O nosso maçonismo é um tanto quanto devagar, sem muito entusiasmo. Gastamos rios de tintas e toneladas de papel, para tentar provar que Tiradentes foi Maçom. E não foi. E deixamos de valorizar um Giuseppe Garibaldi, que esteve entre nós, que lutou conosco, na Revolução Farroupilha, que foi casado com a brasileira catarinense – ANA MARIA DE JESUS RIBEIRO – **Anita**. Mas isso não acontece somente porque ele não era brasileiro, e sim italiano. Mas, italiano, também, foi Líbero Badaró[2], que não foi Maçom, mas foi um Libertário, assim como Garibaldi e Zambeccari, que lutaram juntos com Bento Gonçalves.

Hipólito José da Costa era brasileiro, Maçom, fundador da Imprensa Livre; mas, assim como Garibaldi, pouco se escreveu sobre sua vida maçônica e, curiosamente, os dois chegaram ao Cargo de Grão-Mestre, fora do Brasil. Todavia, os nossos Maçons brasileiros querem mesmo é que Tiradentes tenha sido Maçom. Isso numa época em que nem Maçonaria Regular existia no Brasil.

Seria ótimo, também, que Tiradentes tivesse sido Maçom. Sua vida profana é muito mais importante que Maçons da estirpe de um Chalaça[3], de um padre Regente Feijó[4]; mas, o mesmo não foi Maçom, até que surja um documento autêntico provando o contrário.

Ao escrevermos este despretensioso Trabalho, temos somente em mente o desejo de levar até um número maior de Maçons, a vida maçônica desse grande nome internacional, que teve muito a ver com uma parte da nossa História.

GIUSEPPE GARIBALDI é desses que nascem, parece-nos, somente para contrariar os horoscopistas da vida. Senão, vejamos: **no dia 4 de julho de 1807, nasceram no mundo, na mesma hora, milhares de pessoas, mas só nasceu um Giuseppe Garibaldi.**

Garibaldi conseguiu um lugar de destaque no Panteon da História Universal. Seu nome, no século XIX, foi pronunciado no mundo todo, em todos os idiomas; ora com carinho e respeito; ora com ódio e ferocidade. O número de entusiastas, de seguidores, de propugnadores de seus ideais, estava espalhado pelo mundo inteiro; assim como seus poderosos inimigos, também, em números bem elevados – não poupavam tempo, nem espaço para difamá-lo, denegrir sua honra, minimizar seus grandes feitos.

O século XIX foi o século dos Grandes Líderes Libertários. Para citar só alguns Maçons:

Napoleão Bonaparte – o Pequeno Grande Corso; Simon Bolívar, Sucre, O'Higgins, Caxias, Ozório, José de San Martin, Belgrano, Benito Juarez, Abreu e Lima, José Marti, Luiz Kossut, Davi Canabarro, Bento Gonçalves, Garibaldi e tantos outros.

Em sua luta pela Unificação de sua velha Itália, ele colheu ferrenhos inimigos, dentro do seio do Catolicismo, tendo à frente o mais terrível deles – o Papa Pio IX. E por que esse choque tão violento com o Catolicismo? Simples. A Itália era um grande Feudo, da Igreja Católica Romana. Mais de um terço da Itália atual estava dividido em estados Pontifícios, onde a Igreja tinha o poder de vida e morte, sobre os seus súditos.

O domínio direto dos Papas, sobre essas terras, esses Estados (Estados?) ocorreu de 756 a 1870, com a vitoriosa campanha de Garibaldi, pondo fim a um domínio de 1.124 anos. Começando com o Papa Estevão II, e vindo até o Papa Pio IX. O mando e os desmandos da Igreja foram criando adversários, gente que queria uma Itália Unida, e não esfacelada como era. E, através dos tempos, foram surgindo rebeldes, que não aceitavam o Domínio Papalino.

As Guerras entre Guelfos e Gibelinos[5], fins do século XII até o começo do século XVI, deixaram marcas profundas. Papistas e Antipapistas. Entre os Gibelinos, consta que estavam Leonardo da Vinci, que teve de sair de Florença e ir para a França, para evitar perseguições.

O fato da Carbonária lutar contra as forças militares do Papa; e de Garibaldi, além de Carbonário – ser Maçom, também, criou um grande atrito – Igreja Católica e Maçonaria. O atrito foi tão forte que levou o Papa Pio IX a assinar mais de 600 Documentos contra a Maçonaria, cujos resquícios chegaram até nós.

A prisão domiciliar do Papa e a perda dos Estados Pontifícios, pela Igreja, foi uma derrota que a Igreja não conseguiu nunca assimilar. E grande parte de seu fracasso foi debitada à Maçonaria Italiana, indevidamente. Pois os Antipapistas Italianos, que lutaram pela Unificação, em sua maioria, quase absoluta, não faziam parte da Maçonaria.

Mas, essa, também, não foi a primeira vez que levamos a culpa, por algo que não fizemos – a Revolução Francesa é outra. Isso nos torna vulnerável, mesmo quando nada temos a ver com os acontecimentos.

Que Garibaldi foi um grande Guerreiro e um grande Idealista, não há como contestar. Seus feitos estão registrados nas páginas do Livro da História. Agora, que pela sua condição de Maçom, tenha sido um Inimigo da Igreja, há muito o que se contestar contra isso. Ele só lutou contra o poder Temporal dos Papas e da Igreja. Basta ver que no Brasil, no Uruguai, por onde ele andou, viveu e lutou.

Garibaldi nasceu em Nice, na Itália, em 4 de julho de 1807. Em 1807, Napoleão Bonaparte, com seu exército, varria a Europa, derrubando Reis e Tronos; inclusive, expulsando para o Brasil a Família Imperial Portuguesa. O mundo, especialmente o Continente Europeu, estava passando por uma grande crise. Um Grito de Liberdade ecoava de quebrada em quebrada, tirando o sono dos donos do Poder – Reis e Papas. O século XIX foi, realmente, o século das grandes transformações políticas, inclusive aqui, entre nós, e no nosso Continente Americano. E foi nesse caldeirão revolucionário que o menino Garibaldi cresceu e exercitou sua inteligência e suas qualidades bélicas, do futuro grande Guerreiro.

Filho de um lobo do mar, um velho marinheiro italiano onde, muito cedo ainda, aprendeu a arte de navegar. E seu contato com a marujada do Porto de Marselha, e do resto do mundo, como Marinheiro da Marinha Mercante Italiana. E foi nesse período de sua mocidade que ele conheceu, ou fez dois amigos, que muito influenciariam sua vida – Mazzini e Benzo Cavour, dois bravos Carbonários; dois extraordinários Idealistas, que levaram o jovem marinheiro para os Quadros da Carbonária Italiana.

E foi devido sua militância, nos Quadros da Carbonária, que após um movimento fracassado, teve que refugiar-se em Marselha e, de lá, acabou dando com o costado no Brasil, mais especificamente em Salvador; um fato inusitado transformou sua vida. O imigrante italiano, estando desocupado nas praias de Salvador, em 1836, quando alguém que conhecia sua prática em navegação o convida para levar um navio pirata até o Rio Grande do Sul. Ele aceitou, sem ao menos saber que nesse barco pirata estava escondido um prisioneiro famoso, que acabava de fugir do Forte de Salvador, onde estava preso – era o gaúcho Bento Gonçalves, chefe das Tropas

Farroupilhas. E foi durante essa viagem que o jovem Carbonário fez amizade com o Maçom Bento Gonçalves da Silva.

Para os Irmãos que quiserem mergulhar fundo na História Profana desse Grande Herói, farei aqui a apresentação de alguns livros, fáceis de encontrar, em livrarias e "sebos". O mais difícil é **"Memórias de Garibaldi"**, publicado em português, em 1907, como parte dos festejos do Centenário de seu nascimento. Esse livro que, originalmente, era o **Diário** do próprio Giuseppe, e que o mesmo entregou ao seu amigo e Irmão, o Extraordinário Escritor Alexandre Dumas (Pai)[6] que, com sua genialidade, transformou o DIÁRIO em um livro de extraordinária importância para os Historiadores e Biógrafos de Garibaldi.

Em 1938, o escritor gaúcho Lindolfo Collor, avô materno do ex-Presidente Fernando Collor de Mello, escreveu uma muito boa Biografia de Garibaldi e Ana Maria de Jesus Ribeiro – a ANITA GARIBALDI, intitulada **"GARIBALDI E A GUERRA DOS FARRAPOS"**, publicada pelo Editor José Olímpio, na Coleção Documentos Brasileiros, volume 14, com mais de 500 páginas.

"GARIBALDI, DER MANN UND DIE NATION", não tenho a data da publicação original, do escritor Paul Frischauer, mais tarde traduzido para o português, por Eloy Pontes, para a Casa

Editora Vecchi Ltda., do Rio de Janeiro. Sobre a data de sua publicação pela Editora Vecchi, não me foi possível encontrar; todavia, há uma anotação a lápis, num pé de página, com a data do término da leitura do leitor, como sendo 14 de outubro de 1942, com o título **"GARIBALDI, HERÓI DE DOIS MUNDOS"**.

Em 1953, a **Editora Souza**, do Rio de Janeiro, publicou o livro **"GARIBALDI E ANITA"**, do autor brasileiro (catarinense) Brasil Gerson, publicado em 1953, com o subtítulo **"FARRAPOS, BALAIOS, CABANOS, ROSAS CONTRA MONTEVIDÉU E AS REVOLUÇÕES LIBERAIS EUROPÉIAS"**.

Gerson, Brasil Gerson, foi jornalista de renome, trabalhando em grandes jornais do Rio de Janeiro e São Paulo, inclusive no jornal "O GLOBO", lá pelos idos de 1940. Cito isso, para mostrar uma curiosidade. Paulo Markun também escreveu sobre Garibaldi e Anita, e, também, foi jornalista contemporâneo de grande renome e prestígio.

O livro de Paulo Markun – **"ANITA GARIBALDI, UMA HEROÍNA BRASILEIRA"**, foi escrito em 1999, com 375 páginas, em papel especial, com Prefácio do presidente Fernando Henrique Cardoso, para os festejos dos 500 anos da Descoberta do Brasil. É uma obra muito bem pesquisada, editada pela Editora SENAC.

Outro livro que merece ser lido é **"UMA VIAGEM ATRAVÉS DO TEMPO (GIUSEPPE GARIBALDI, A JORNADA DE UM HERÓI)"**, do escritor Paulo César Gaglianone, também publicado em 1999, pela Editora Litteris, com 295 páginas. Seu autor é carioca e levou 5 anos pesquisando o material deste livro.

"A HEROÍNA ANITA GARIBALDI", livro escrito por um dos maiores colecionadores de tudo o que se relaciona com ANITA GARIBALDI, possuidor do maior acervo sobre essa heroína catarinense – o escritor Wolfgang Ludwig Rau, também catarinense, talvez o maior apaixonado de todos, pela nossa ANITA.

Como veremos no decorrer deste Trabalho, existem mais de 19 mil publicações sobre a dupla **GIUSEPPE E ANITA GARIBALDI**. São muito poucos os personagens que mereceram, e despertaram tanta atenção. E, levando em conta que seu nome, no mundo das escolas particulares (em todo o mundo), patrocinadas pela Igreja Católica Romana, sempre foi boicotado. Isso, até, é compreensível, pois ninguém gosta de pôr azeitonas nas empadas dos adversários. Todavia, o tempo é uma boa e grande esponja, que vai, aos poucos, lentamente, apagando algumas manchas do passado.

Não vemos, agora, o Papa, deixando de lado o Dogma de sua Infalibilidade, e pedindo perdão aos Judeus, como já pediram a Joana D'Arc e Galileu; Savonarola e Giordano Bruno?

Quem sabe um dia, também, **Garibaldi** não seja perdoado por ter derrotado as Forças dominantes, do Papa Pio IX, e Unificado a velha e querida Itália? Tudo é possível.

Apesar de todas e tantas controvérsias do local e quando ele foi Iniciado na Ordem Maçônica – Brasil ou Uruguai, o que mais nos interessa mesmo, é que ele foi Iniciado. Tanto isso é verdade, que ele chegou ao importante cargo de **"GRÃO-MESTRE DO GRANDE ORIENTE DA ITÁLIA"**.

E é sobre isso que vamos começar a falar daqui por diante. Sobre o papel de **Garibaldi** na Maçonaria. Se ele teve grande participação, ou não. Se essa participação foi boa ou nociva. Hoje, nós sabemos, que devido a sua condição de Maçom, o Papa Pio IX assinou, segundo o Padre Benimeli, mais de **Seiscentos** Documentos, contra os Maçons e/ou a Maçonaria.

Como vemos, Seiscentos Documentos não é nada desprezível.

∴

O MAÇOM GARIBALDI

Existe ainda uma certa controvérsia quanto ao local da Iniciação. Ainda os pesquisadores não conseguiram chegar a um denominador comum. Que ele foi Iniciado, não há a menor sombra de dúvida. O que se discute é se ele foi Iniciado no Brasil ou no Uruguai.

Para os gaúchos, ele foi Iniciado no Rio Grande do Sul, influenciado por seu amigo General Bento Gonçalves, que ele ajudara a fugir da **Fortaleza do Mar**, em Salvador.

Mesmo um dos grandes pesquisadores da "Quatuor Coronati", de Londres, o Irm∴ E. E. Stopler, que se interessou pela figura de Garibaldi, mas não conseguiu desvendar esse mistério. No livro **"LA MASSONERIA NELA STORIA D'ITALIA"**, do Irm∴ **Aldo Alessandro Mola**, historiador maçônico italiano, consta esta nota:

GIUSEPPE GARIBALDI, iniziato alla Massoneria

in Brasile nel 1844, alla Loggia "Asilo de la Virtude", e affiliato alla Loggia "Tonpkins nº 471" di Stpleton (New York).

Nel 1863, fu acclamato Sovrano Gran Commenda dordella Giurisdizione Del Rito Scozzese Ântico e Accettato, sedente in Palermo.

Proclamato Primo Massone D'Italia e Gran Maestro Del Grande Oriente D'Italia (1864) dal (1872) fu Grande Maestro Onorario a vita.

Essa nota eu a transcrevi, porque, mais tarde, o Irm∴ Stopler irá falar sobre isso, isto é, sobre a Loja em que Giuseppe Garibaldi foi Iniciado.

Vou transcrever, também, um trecho de uma pequena Biografia, do livro **"10.000 FAMOUS FREEMASONS"**, do Irm∴ **William R. Denslow**, publicado pela "MACOY PUBLISHING & MASONIC SUPPLY CO. INC.", em 1958, em 4 volumes, pág. 97, vol. II.

... ele tornou-se um Membro da Loja "LES AMIS DE LA PATRIE", de Montevidéu, no Uruguai, em 1844, e quando ele foi para os Estados Unidos da América do Norte, filiou-se na "TOMPKINS LODGE Nº 471", de Stapleton, da Grande Loja de Nova York.

Em 1860, ele tornou-se Grão-Mestre da Grande Loja de Palermo, na Itália...

É nesses itens que a História peca, por não ter registrado corretamente a vida maçônica de Garibaldi. E essa grande falha deve ser debitada, especialmente, aos Maçons brasileiros, que não souberam guardar em seus Arquivos alguns dados sobre sua Iniciação, aqui, ou além fronteiras. E se não temos Documentos, autênticos, sobre o Maçom Garibaldi, no século XIX, como é que vamos querer provar que Tiradentes foi Maçom, no século XVIII?

Vamos ao que interessa; ao Trabalho do Irm∴ STOPLER.

GARIBALDI: O MAÇOM

Irm∴ E. E. Stopler
10 de novembro de 1988
ARS "Quatuor Coronatorum"
Tradução: ***Dac***

O "HERÓI DE DOIS MUNDOS", despertou a imaginação de muitos Biógrafos e já existem DEZENOVE MIL ESCRITOS sobre a matéria. Torna-se, quase impossível, portanto, abordar mais profundamente, a matéria, dentro dos limites restritos do presente Trabalho e, restringir-me a um breve esboço da sua vida. Contudo, vamos aprofundar um pouco mais dentro do contexto da Associação Maçônica – uma matéria que poucos escritores têm dado a devida atenção.

Durante o século XIX, na "ERA DO RESSURGIMENTO", um número surpreendente de idealistas estava preparado para sacrificar suas próprias vidas, assim como seus negócios; em apoio às pessoas oprimidas, em diferentes partes do mundo. Um exemplo típico, foi ***Giuseppe Garibaldi****, um pacifista convicto, que dedicou grande parte de sua vida à luta armada, como conspirador, como Almirante, como Pirata, Guerrilheiro Militante e General; tudo*

isso por amor à Liberdade, na América do Sul (Brasil, Uruguai e Argentina), na Itália e na França invadida pelos soldados prussianos.

Contudo, apesar do que ele fez pela criação do Reino da Itália, não se pode dizer que ele tenha sido um nacionalista. Ele declarava, ou se intitulava – Cosmopolita.

Ele não foi um bom General, no sentido convencional da palavra, mas provou ter um profundo instinto de Guerrilheiro e, isto, combinado com sua coragem indômita, fê-lo enfrentar e derrotar vários exércitos regulares.

De acordo com sua própria máxima ***"O bom General é aquele que vence"****.*

Garibaldi *não foi nenhum Estadista e, também, não gostava muito de* ***Benzo Cavour***[7]*, Primeiro Ministro do PIEMONT (alcunhado de "O CASTOR") e que teve a ousadia de tomar a cidade de Nice, no Ducado de Savoy, e daí retornar para auxiliar a Áustria. Foi também um político incipiente, não sendo capaz de obedecer qualquer disciplina partidária e apoiava todas as propostas positivas (pelo menos, ao seu modo de pensar), não salvaguardando nenhuma responsabilidade para com o Partido, ao qual estivesse filiado.*

No período de ascensão possuía idéias republicanas,

porém, eventualmente, aceitou a Monarquia Constitucional, conduzida pelo Duque de Savoy (e os Reis da Sardenha). Assim sendo, atraiu para si a crítica furiosa do seu fiel amigo Republicano – MAZZINI[8].

***Garibaldi** era Democrata convicto e adiantou propostas para a criação de uma Europa Unida*[9]*, assim, como, em prol da PAZ MUNDIAL, garantida por um Tribunal Internacional*[10].

***Garibaldi** não era um cético e era muito amigo da "FRATERNIDADE PANTALEU" – seu Secretário Particular, que era Capelão do Exército, que, contudo, em conseqüência disso, abandonou a Toga Eclesiástica. Após a campanha siciliana de **Garibaldi**, em 1860, a qual agregou vários padres da Igreja Católica Romana, ele ainda fazia distinções, entre padres bons e padres ruins, maus; porém, subseqüentemente, quando o Papa continuava a dardear, a atacar o RESSURGIMENTO, recusando-se a "Propagar" as Regras para a Paz, do Reino da Itália, Garibaldi tornou-se violentamente um Anticlerical, um Antipapista, e daí em diante todos os padres passavam a ser considerados por ele como indivíduos insociáveis.*

*As contendas de **Garibaldi** causaram tremendo entusiasmo em todo o mundo civilizado e, em vários países, como a Inglaterra e a Escócia, houve campanhas para arrecadação de fundos, com muito sucesso. O Presidente Abraão Lincoln, dos Estados Unidos da América do Norte, ofereceu-lhe o Comando das Forças Armadas da União*[11]*, e o Irm∴ Samuel Colt*[12]*, já estava pronto para enviar-lhe uma boa quantia do novo revólver que acabara de inventar.*

*No concernente ao **Garibaldi** Maçom, podemos dizer, certamente, que o mesmo não andava muito compatível com os Princípios básicos, na forma como os vemos e sentimos agora.*

Para ele, o popular Trinômio dos Países Latinos "Liberdade, Igualdade e Fraternidade", ainda era desconhecido. Ele somente via o Trabalho Maçônico como uma base moral para um Governo probo e honesto.

UMA BREVE BIOGRAFIA DE GARIBALDI

***Giuseppe Garibaldi** nasceu em 4 de julho de 1807, em Nice. Nessa época Nice fazia parte dos Domínios dos Duques de Savoy, ainda que esses domínios, por essa época, estavam ocupados por Napoleão Bonaparte. Seus pais queriam que ele estudasse, mas ele, porém, preferiu uma vida mais Aventureira. Por isso, tornou-se Marinheiro no pequeno navio TARTAN, no qual seu pai praticava o comércio, a atividade de transportador costeiro.*

Subseqüentemente, o garoto tornou-se camareiro num grande navio que o contratou, e entre muitas jornadas ele rumou para o Levant e o Mar Negro.

*Com 25 anos, ele já ostentava a Patente de Capitão de Segunda Classe e foi por essa época que ele acabou por interessar-se pelas Idéias Revolucionárias de **Giuseppe Mazzini**, incorporando-se à sua Sociedade Secreta, Patriótica – isto é, à CARBONÁRIA, ou MAÇONARIA FLORESTAL. Como um disfarce essa Sociedade intitulava-se **"JOVEM ITÁLIA"**.*

*Em 1834, enquanto se via na Armada Piemontesa, envolveu-se com Levante em Gênova, que, sem apoio popular, fracassou e, após o fracasso, se viu obrigado a navegar para Marselha, onde ficou sabendo que, assim como seus companheiros, havia sido condenado à morte. Tornou-se, então, Segundo Comandante em um outro navio, que mesmo tendo trabalhado pouco tempo, na **Armada da Baía de Tunis**, até o ano de 1835, quando, preocupado com sua situação de condenado à morte, ele emigrou para a América do Sul[13], Brasil, encontrando acolhida entre os imigrantes italianos, do Rio de Janeiro.*

*No Brasil, **Garibaldi** aventurou-se no comércio costeiro[14]; todavia, não sendo um exímio mercantilista, acabou por abandonar essa atividade. Por essa época, a Província do Rio Grande do Sul era contra o Governo Imperialista de D. Pedro II, e, em 1837, após a fuga rocambolesca de Bento Gonçalves, do Forte do Mar, na Bahia, ele foi convidado para ser o comandante da Armada, dos*

Farroupilhas, que consistia, na verdade, de poucos Escaleres (Lanchões); porém, com os quais ele, heroicamente, conduziu a Guerra, como civil e guerrilheiro, até que os destinos da Província Rebelada fossem, eventualmente, decididos.

*Durante este período **Garibaldi** viu, pela primeira vez, Ana Maria de Jesus Ribeiro (ANITA), aquela que viria a ser sua esposa e seu grande amor. Ela abandonou seu marido, para compartilhar a difícil vida de **Garibaldi** – às vezes a bordo de um navio, outras em pântanos e matagais. Somente em 1842, depois da morte do marido, é que Anita e seu amante puderam casar-se, já no Uruguai, na cidade de Montevidéu. E foi lá, também, que nasceu o primeiro filho de **Garibaldi**, que levou o nome de MENOTTI, em homenagem ao grande patriota italiano – Ciro Menotti, o qual tinha sido enforcado pelo Duque de Modena, em 1831. O segundo filho do casal chamou-se RICIOTTI, que, assim como seu irmão mais velho, seguiu os passos do* *pai, sempre combatendo, em prol dos oprimidos, em várias partes do mundo.*

*Enquanto isso, o Uruguai era atacado por Rosas, um Ditador e Tirano Argentino. E foi quando **Garibaldi** tornou-se Almirante da Frota Uruguaia, com três vasos de Guerra. **Garibaldi** conduziu várias e ousadas operações, até que o Exército Uruguaio fosse derrotado pelas Forças Argentinas. Então, **Garibaldi** foi para Montevidéu, ajudando a defender a Capital, não somente como Almirante da Frota, mas, também, como Comandante da Legião Italiana, estabelecida em 1843, e formada por voluntários imigrantes italianos. Foi essa a primeira vez que as tropas de **Giuseppe Garibaldi** usaram camisas vermelhas, as quais, aparentemente, destinavam-se a serem usadas, em princípio, nos patíbulos argentinos. Todavia, as ações combinadas e bem-sucedidas, da Frota e da Legião Italiana, nas Cataratas de Salto (1845), tornaram-se mundialmente famosas e provocaram grande entusiasmo entre os Patriotas Italianos, em seus países.*

*Nesse ínterim, as notícias chegadas da Itália mudaram o destino desse valente. E fizeram com que **Garibaldi** decidisse voltar à sua Pátria, e intervir em seu país, e, para isso, ele pôs-se ao mar, partindo de Montevidéu, em 1848, com sessenta voluntários italianos.*

*Depois de várias ações militares no norte da Itália, onde a população havia se levantado contra a Áustria, no ano seguinte – 1849 – o nosso Herói decidiu mudar-se para Roma, pois em fevereiro daquele ano a República Independente Romana tinha sido proclamada. Todavia, a recém-criada República estava sendo ameaçada por um ataque das Tropas Francesas, que estavam sendo enviadas para ajudar as tropas do Papa Pio IX. Após um incipiente sucesso, **Garibaldi** enfrentou a difícil situação de ter que combater um artefato bélico (?), com o qual ele não possuía a mínima familiaridade, e, em conseqüência disso, **Garibaldi** bateu em retirada. O último reduto defendido por ele foi seu país de residência, VASCELLO (um navio). Hoje, essa vila, com seu lindo parque na* *periferia, é o Quartel Geral da Grande Loja Maçônica da Itália.*

Comandando 4 mil homens e acompanhado de sua esposa grávida – ***Anita Garibaldi****, iniciou sua lendária Marcha, rumo a Veneza, onde os habitantes ainda resistiam aos austríacos. Pressionado pelos austríacos e as tropas napoleônicas (francesas), o nosso Herói perdeu um grande número de seus Comandados e, até a própria esposa ele perdeu. Pois ela faleceu solitária numa chácara. Sem poder chorar a morte de sua formidável companheira,* ***Garibaldi*** *alcançou o território de Piemonte, onde as autoridades, temerosas de complicações internacionais, prenderam-no. Mas, para evitar maiores problemas, resolveram facilitar-lhe a imigração, em 1849.*

Durante os cinco anos subseqüentes, ***Garibaldi*** *vagou pelo mundo. Logo, no início, ele permaneceu por uns tempos, com seu amigo* ***Meucci****, em New York, depois empreendeu longas viagens, indo até a China, como Capitão de um navio.*

Em 1854, ele retornou. Primeiro para Nice, e depois para a Ilha de Capri, que ele herdara do seu irmão mais novo. Absteve-se de ações políticas, até 1859.

O Rei Victorio Emanoel II nomeou-o o General Piemontês no comando de três mil homens, voluntários; subseqüentemente, esse número cresceu para doze mil; ainda que, pessimamente equipados, ele empreendeu várias ações vitoriosas, contra as tropas austríacas até que, incompatibilizando-se com as várias decisões oficiais, abandonou o Comando e ofereceu-se para colaborar com a Liga Toscana, contra os holandeses e romanos.

Em 1860, ***Garibaldi*** *reuniu seus mil voluntários (mais exatamente 1.089), e planejou investir contra o reino de Nápoles, com o tácito consentimento do Rei Victorio Emanoel II, que colocou a sua disposição mil rifles antigos e dois vasos de guerra, a vapor, para transportar sua tropa. Nessa época, contudo, ele já era mundialmente famoso e podia contar com grandes somas de dinheiro, advindas de donativos particulares*[15].

O famoso Irm∴ Alexandre Dumas (Pai) juntou-se à sua Força Expedicionária, como observador e historiador. E a 2 de maio de 1860, os "MIL CAMISAS VERMELHAS", sob seu comando, desembarcaram em Marselha, na Sicília. Três dias depois, em Calatafini, sob o brado de **"Ou construímos a Itália, ou morreremos"**, conseguiram levar vantagem sobre os dois mil oponentes de Bourbon. Então, com seu instinto de combatente e guerrilheiro, através de movimentos rápidos, **Garibaldi** entrou na Capital da Sicília – Palermo. Antes que o General Lanza, comandante napolitano, no comando de vinte mil soldados, bem treinados, se desse conta de onde o inimigo se encontrava e de seu poderio, simplesmente capitulou.

Rapidamente toda a Ilha foi ocupada, e o navio **Augusto Garibaldi** desembarcou no continente, ocupando Nápoles, no dia 7 de setembro.

Havia, contudo, opiniões contraditórias no concernente à subseqüente tarefa das forças de ocupação. Em conseqüência disso, **Garibaldi** renunciou ao Comando. Com poucas centenas de liras e um saco de sementes, partiu para sua Ilha de Capri, onde se dedicou à agricultura.

Em 1862, desembarcou, inesperadamente, na Ilha de Sicília, com o objetivo de formar uma Força Expedicionária, com o intuito de libertar Roma. Essa expedição terminou de forma desastrosa nas Montanhas da Calábria.

No decorrer do ano de 1863, ele ocupou-se, entre outras coisas, com a Guerra da Libertação da Polônia. Um ano antes, em visita a Londres, **Garibaldi** foi recebido com grande entusiasmo.

Depois da Aliança entre a Itália e a Rússia, em 1866[16], Garibaldi foi nomeado Comandante de uma Força de Voluntários, com a qual realizou bem-sucedidas ações contra as Forças Austríacas. Quando se preparavam para entrar em Viena, um Armistício foi concluído e foi-lhe dado sinal para interromper a Marcha sobre Viena. Sua resposta desapontada foi "Eu obedeço".

Em 20 de setembro de 1870, o Exército regular

italiano ocupou Roma; mas, nesse meio tempo ***Garibaldi*** *encontrou uma outra ocasião para manifestar o seu extremado idealismo. Quando, durante a Guerra Franco-Prussiana, os franceses foram, irremediavelmente, derrotados em Sedan, e o Rei Napoleão III foi aprisionado, a recente proclamada República Francesa decidiu continuar com a resistência militar.*

A essa altura, ***Giuseppe Garibaldi*** *correu para ajudar o povo francês, com uma Força Voluntária, de poucos milhares de homens. Vários de seus antigos Camaradas de Armas apressaram-se em acompanhar seu antigo Comandante e, assim, o* ***Grão-Mestre do Grande Oriente da Itália, Irm∴ Lodovico Frapolli****, assim como o Primeiro Membro manifesto do* ***Supremo Conselho do Rito Escocês****, de Turim, o Irm∴* ***Timóteo Riboli****, renunciaram às suas Oficialidades Maçônicas, para doar seus uniformes.*

Coisas típicas de Garibaldi que, com seu Exército de ***Vosges****, não hesitou em enfrentar o formidável exército prussiano, usando táticas de Guerrilha, que lhe eram familiares. Ele, assim como ERNESTO CHE GUEVARA, um século depois, até escreveu um livro de Instruções, para Guerrilheiros.*

Obviamente, ele não era capaz de influenciar o resultado de uma Guerra, porém, se regozijava em recordar os menores sucessos seus, como a captura de uma Bandeira Alemã.

Garibaldi *morreu em sua Ilha de Capri, em 2 de junho de 1882, deixando instruções detalhadas de como e onde exatamente desejava ser cremado, ou seja, numa fogueira de madeiras aromáticas, como sândalo e mirra, componentes da bela vegetação da Ilha de Capri. Todavia, suas vontades não foram cumpridas, tendo sido embalsamado e enterrado em Capri – Ilha que hoje é um Memorial Nacional.*

O DESENVOLVIMENTO MAÇÔNICO NO PERÍODO DO PÓS-RESSURGIMENTO

Após a era Napoleônica, o Congresso de Viena (1815) restaurou o Governo Italiano Original, com as principais exceções localizadas na Lombardia (Milão) e na Antiga República Veneziana, que haviam sido doadas à Áustria.

O Renascimento da Maçonaria, no período Pós-ressurgimento na Itália, apresentava um quadro caótico, devido, em primeiro lugar, à compassada Libertação da Península e a natureza heterogênea de suas partes Constituintes. Unindo, por exemplo, a Sicília e o Piemonte, numa única Nação, que pareceria um objetivo lógico, mas que na prática sua realização foi obstada por problemas de ordem, comparada às da Hipotética Unificação da Inglaterra e França.

Em conseqüência disso, no período de 1859 a 1860, viu o nascimento de vários grupos, os quais vamos tentar agora, sucintamente, explicar por que constituíram a complexa situação com a qual Garibaldi se confrontou.

O NORTE DA ITÁLIA

É provável que, durante suas vagações revolucionárias, alguns indivíduos tenham sido Iniciados em ***Lojas Clandestinas****, ou* ***Lojas Irregulares****, no Exterior, tais como Suíça, França e Malta. Na verdade, sabe-se que alguns deles possuíam o* ***Grau de Cavaleiro Rosa-Cruz****, enquanto que, pelo menos, um, seria Maçom, colado no Grau 33.*

O que é certo, é que, em 8 de outubro de 1859, sete ou oito IIrm∴ de várias cidades do Norte que estavam, provavelmente, em Turim (capital do Piemonte e capital provisória da Itália), num esforço quase excepcional,

fundaram lá uma Loja Maçônica, com o Título Distintivo de ***"AUSÔNIA"****. Foi sugerido que, no Prólogo de sua Constituição estivesse o braço longo de Benzo Cavour, Primeiro Ministro do Piemonte; todavia, não se tem nenhum Documento provando que isso foi realizado. O que é certo é que o Conde Benzo Cavour nunca foi Maçom*[17].

Em 20 de dezembro daquele ano (1859), a Loja foi Elevada a categoria de Grande Loja[18]*, do Grande Oriente da Itália, e que, subseqüentemente, ficou conhecido como Grande Oriente Italiano, precursor do Grande Oriente da Itália.*

Durante a Primeira Grande Assembléia[19] *do Grande Oriente (26 de dezembro de 1860, até janeiro de 1861) 22 Lojas Maçônicas, Italianas, estavam representadas, sendo que a maioria delas era do Norte da Itália; mas, também, estiveram presentes Lojas Maçônicas de outras regiões, tais como do Egito, de Tunis, e da Ilha da Sicília.*

Durante esse Primeiro Encontro, o ponto mais importante do questionamento referia-se aos ***Graus situados além dos Graus Simbólicos****, e foi, finalmente,* *decidido que não somente a Grande Loja deveria limitar-se aos* ***Graus Simbólicos****, mas, também, que não deveria reconhecer nenhum outro* ***Grau****; essa última e curiosa limitação provocou vários protestos e muita confusão, particularmente, quando às vésperas do término do ano de 1862, apareceu em Turim um Rito rival do Rito Escocês Antigo e Aceito, que começou a estabelecer suas próprias Lojas Simbólicas.*

Em face dessas e outras complicações, a Grande Loja capitulou e na outra Grande Assembléia Maçônica, realizada em Florença, em maio de 1864, na qual 72 Lojas Maçônicas e outros Corpos estavam representados, foi decidido, daquela data em diante, que haveria plena liberdade de Ritos, sob a égide de um só Governo Maçônico.

O resultado foi uma outra situação anômala, na qual (daqui para frente vou usar a nomenclatura atual da Obediência Maçônica) *o Grande Oriente da Itália, que era constituído somente de Lojas Simbólicas, passou a ter também Corpos Filosóficos, tais como Capítulos, Kadoshs, Consistório e Supremo Conselho do Rito Escocês Antigo e Aceito. Com esta estrutura, curiosa* (isto é, curiosa para o autor inglês, desta matéria), *o Grande Oriente da Itália permaneceu imutável, até 1922, onde toda Loja (e não Irm∴ considerado individualmente) era compelida a escolher um dos Ritos praticados naquela Obediência, isto é, o Rito Escocês Antigo e Aceito, ou o pequeno Rito, recém-criado – de Misraim, ou ainda o Rito que levava o nome de Rito Italiano, sendo este Rito nada mais e nada menos que os* ***Três Graus Simbólicos****, de antes da Grande Assembléia Maçônica, realizada em maio de 1864.*

Esse Rito, com somente Três Graus Simbólicos, ainda hoje é praticado por um pequenino número de Lojas.

Muitas Lojas não estavam preparadas para aceitar a nova situação e fundaram uma Grande Loja Simbólica, estabelecida em Milão, sob a liderança do Ex-Padre Católico, Irm∴ ***Ausonio*** *Franchi.*

Essa nova Obediência durou, apenas, três anos, e foi reabsorvida pelo Grande Oriente da Itália.

Uma outra decisão, tomada pela Grande Assembléia Maçônica, patrocinada pelo Grande Oriente, em 1866, em Florença, foi que, tendo em vista a existência de Grandes Lojas Rivais, em outras partes da Península, o Grande Oriente da Itália sugeriu um plano para integrá-las, como se fossem um só corpo, com Quatro Seções subordinadas – Florença[20], Turim[21], Nápoles e Palermo. A proposta e o movimento encetado pelo Grande Oriente fracassou, como veremos depois neste mesmo Trabalho.

O Grande Oriente mudou sua sede – de Turim, para Florença que, na época (1865) tinha sido transformada na Nova Capital Temporária, da Itália, isto é, até que Roma se libertasse das forças opressoras. Essa mudança, contudo, não foi aceita por vários Irmãos Piemonteses que, devido a isso, criaram em Turim um novo Corpo Maçônico do Rito Escocês Antigo e Aceito, que, por sua vez, fundou várias Lojas Simbólicas, que ficaram sob sua jurisdição.

Providencialmente, afiliou várias Lojas, existentes, longe, fora, do Piemonte, a tal nível, que foi reconhecida por algumas Grandes Lojas Americanas, após uma rigorosa investigação, ***in locus****, pelo Irm∴ Goodall, representante do Rito Escocês, Antigo e Aceito – Supremo Conselho, da Região Norte, dos Estados Unidos da América do Norte.*

É compreensível que, após o Ressurgimento, a Liberdade dos Combatentes continuou a ser alvo de interesse pessoal, no âmbito do Governo, visando à Liberdade, pela qual vários Companheiros tinham perdido suas vidas. Um grande número desses Combatentes tornou-se Maçons, e, logo, cerca de 50% dos Membros do Grande Conselho, do Grande Oriente Italiano, consistiam-se de Mestres Passados, isto é, ex-Veneráveis, o que, obviamente, não era possível e nem se intencionava manter a política de ficar distante das Lojas Simbólicas.

A SICÍLIA

Durante o século XVIII, a Ilha da Sicília foi cenário

de várias insurreições contra o restaurado governo dos Bourbon. Em particular, a Rebelião de 1848 foi, temporariamente, bem-sucedida , em Palermo, fundando-se Duas Lojas. A primeira – a Loja "Regeneração", e a Grande Loja "Nacional", numa tentativa de estabelecer um centro agregativo de um grupo de Lojas. Mas, um ano depois, os Bourbon retomaram o poder, e com isso a Maçonaria da região de Palermo ADORMECEU.

Em 27 de maio de 1860, as Tropas de ***Giuseppe Garibaldi*** *chegaram a Palermo (com seus famosos Mil camisas vermelhas) e, com isso, a Loja "Regeneração" reergueu suas Colunas, com o Título Distintivo de "Regeneração I".*

Em 10 de agosto de 1860, em Palermo, 27 Irmãos, colados no Grau 33, constituíram um Corpo Filosófico, com o Título Distintivo anômalo de ***"Supremo Conselho do Grande Oriente da Itália, do Rito Escocês Antigo e Aceito"*** *(o Brasil não foi o único a ter uma Maçonaria Mista – Filosófica e Simbólica, juntas), proclamando-se investida de autoridade sobre todos os Graus do Rito, do Aprendiz, ao Grau 33.*

O que é um segredo, um enigma, é onde e quando esses Irmãos foram colados no Grau 33, ou, mesmo, onde os mesmos foram Iniciados. Todavia, pequenos detalhes dessa natureza, particularmente, nunca preocuparam os Maçons daquela época. Os seus interesses políticos estavam acima de tudo.

Mais para frente, pareceria que o Supremo Conselho compunha-se, somente, de 27 Membros, talvez devido uma má interpretação equivocada dos ***"Estatutos Maçônicos Napoleônicos"****, que preconizava que o* ***"GRANDE CONSELHO"*** *(não confundir com* ***SUPREMO CONSELHO****) devia ser composto de 27 membros.*

Um ano depois, o Supremo Conselho já possuía cinco Lojas, somente, na Ilha da Sicília; todavia, ainda por essa época, outras Lojas Maçônicas tinham sido Constituídas, porém, por qualquer motivo, por nós desconhecido, não quiseram se agasalhar sob a proteção e autoridade do

Supremo Conselho, ficando a "descoberto", como foi o caso das Lojas "LUME" e "VERDADE DE MECENA", que, mais tarde, se filiaram ao Grande Oriente de Turim, rival do Supremo Conselho da Sicília.

O Supremo Conselho estava ciente de sua origem irregular e, em 1861, quando dois Irmãos, Capitães da Marinha, chegaram à Ilha, munidos com Documentos que lhes davam o Poder de fundar ali uma Grande Loja Maçônica, reconhecida pelo Supremo Conselho da Louisiana, nos EUA, sob o comando de ***Joseph Cerneau***[22] (sobre **Cerneau** falaremos numa outra NOTA EXPLICATIVA, no final deste Trabalho), *ou pelo Grupo de CERNEAU, que por essa época causava muitas complicações nos Estados Unidos da América do Norte, mas que, também, acabou sendo absorvido, mais tarde, pelo* ***Supremo Conselho do Grande Oriente da Itália****, tornando-se assim Regular.*

No ano de 1863, aconteceu um saudável crescimento do Supremo Conselho do Grande Oriente, e ele constitui mais 24 novas Lojas no Sul da Itália, das quais 6 estavam localizadas na área Napolitana. Em 1864, seguiramse mais 24 Lojas, sendo que 7 dessas Lojas também estavam localizadas e estabelecidas na região napolitana.

A GRANDE LOJA DE NÁPOLES

Em 10 de agosto de 1861, menos de um ano após a conquista do ***Reino de Nápoles****, pelos Camisas Vermelhas, de Garibaldi, o ex-excêntrico e ex-pároco, Padre Dominico Anhera, começou, isto é, constituiu, na cidade de Nápoles, a "Grande Loja Matriarca Sebbezia", que trabalhava os Graus Simbólicos, e os Filosóficos até o Grau de Cavaleiro Rosa-Cruz. Trabalhando dentro do Rito Escocês, Antigo e Aceito. Por volta de 1864, essa Grande Loja transformou-se num* ***Supremo Conselho****, com um corpo de 23 Lojas subordinadas, sendo a maioria delas da cidade de Nápoles e/ou adjacências.*

Naquele mesmo ano, contudo, cerca de 19 Lojas

tituladas pelo ***"Supremo Conselho e Grande Oriente de Palermo"*** *achavam-se, também, operando na mesma região.*

GARIBALDI, MAÇOM E GRÃO-MESTRE

Giuseppe Garibaldi foi Iniciado em 1842, numa Loja Irregular, intitulada "ASILO DA VIRTUDE", de Montevidéu, Uruguai. Sendo essa Loja IRREGULAR, Garibaldi subseqüentemente filiou-se à Loja (esta REGULAR) "Amigos da Pátria", subordinada ao Grande Oriente de França, daí sua Regularidade, em 8 de agosto de 1844.

Provavelmente, em conseqüência de suas diversificadas atividades em defesa do Uruguai, e sua gente, ***Garibaldi*** *muito raramente freqüentava sua Loja, pois Documentos que se possuem constam que, 4 anos depois, quando ele partiu para a Europa, ele encontrava-se, ainda, na condição de Aprendiz.*

Durante os 12 anos seguintes, devido as suas incansáveis andanças, parecia que ele não tinha tido mais nenhum contato direto com uma Loja Maçônica, exceto durante os anos de 1850 a 1851, quando ele conviveu com o Irmão italiano Antônio Miucci, o homem que lutou a vida toda, tentando provar que quem inventara o telefone era ele, e não Alexandre Grahan Bell.

Antonio Meucci viveu em Staten Island, Estado de Nova York, e afirmava ele que ***Garibaldi****, durante sua estada na sua casa, visitou, com ele, a Loja "TOMPKINS Nº 471". A Enciclopédia Maçônica Macoy, registra que Garibaldi fora Iniciado nessa Loja, o que não é verdade. Se Garibaldi foi, realmente, Iniciado na Maçonaria, no Novo Continente, foi em alguma Loja existente, na época, na região gaúcha de Camacuã, onde ele viveu algum tempo ao lado de Bento Gonçalves, Davi Canabarro e Zambeccari. Pois quando ele refugiou-se no Uruguai, foram os Maçons Uruguaios que protegeram Garibaldi e Anita*[23]*.*

Embora essa passagem da Enciclopédia Maçônica

*Macoy, não existe nenhum Documento que comprove que ele, **Garibaldi**, lá foi Iniciado, e nem que ele visitou a Loja naquele período – o Grande Secretário da Grande Loja de Nova York, disse que todos os Arquivos dessa Loja, daquela época, foram queimados num incêndio. E tem mais.*

*As Lojas Americanas, ou da América do Norte, via de regra, só se reúnem no Terceiro Grau e, sendo assim, portanto, não é possível que **Garibaldi** tenha visitado a Loja, sendo ainda um Aprendiz Maçom. A não ser, que devido ao nome, o renome, que o acompanhava, a Loja "Tompkins nº 471", tenha aberto uma exceção, para receber o ilustre Irm∴ italiano. Também não há nenhuma possibilidade de que **Garibaldi** tenha sido Exaltado a Mestre, nessa visita à Loja "Tompkins nº 471", pois isso teria que ser comunicado, mesmo naquela época (1850-51), à Grande Loja de Nova York, à qual a Loja estava jurisdicionada. Nenhum Documento existe nos Arquivos daquela Grande Loja.*

*Há certos fatos que, mesmo que se esforce para aceitálos, não se consegue. Que **Garibaldi** foi Maçom, isso nós provaremos logo adiante, com uma série de Cartas e Documentos que existem, mas a sua Iniciação continua sendo, para os seus Biógrafos e Pesquisadores, um mistério.*

*Na Itália, qualquer um que tenha, tacitamente, admitido que **Garibaldi** tenha sido Mestre Maçom, é que, por ocasião da Primeira Assembléia Constituinte, do Grande Oriente de Turim, em dezembro de 1861, quando o Grão-Mestre NIGORI abdicou de seu cargo, a votação de um novo Grão-Mestre teve este resultado:*

"15 votos a favor de FELIPE CÓRDOVA e
13 votos para Giuseppe Garibaldi".

Felipe Córdova era um Siciliano, e futuro Ministro do Governo Italiano.

Essa vitória de Córdova foi atribuída a Benzo Cavour, que era um "moderador", enquanto Garibaldi era tido como sendo um "Democrata".

Mas, mesmo assim, naquela Assembléia, ou durante

aquela Assembléia, foi conferido a ***Garibaldi*** *o Título Honorário de* ***"Primeiro Maçom da Itália"****, com* ***"as Honras de Grão-Mestre de todas as Lojas Italianas"****.*

Em março de 1862, o ***Supremo Conselho e Grande Oriente de Palermo"****, que na época era composto somente de Sete Lojas, jurisdicionadas, decidiu outorgar, também, o Cargo de* ***"Grão-Mestre e Soberano Comendador"****, a Giuseppe Garibaldi.*

O ***Supremo Conselho do Rito Escocês Antigo e Aceito*** *e* ***Grande Oriente de Palermo****, entregou a Garibaldi, no dia 11 de março de 1862, um Diploma dos dois Cargos, através de uma Delegação de 4 Irmãos do Grau 33, e 2 Irmãos do Grau 30 (KADOSH), que encontraram-se com o General Giuseppe Garibaldi, em Turim, onde ele estava residindo em caráter provisório e, numa Reunião, na sua própria casa, conferiram a Garibaldi os Graus do 4º ao 33º.*

E formularam o seguinte Documento, datado de 17 de março de 1862, para "A Glória do Grande Arquiteto do Universo, e sob os auspícios do Supremo Conselho e Grande Oriente da Itália, sediado no Vale de Palermo".

"Nós, Grandes Inspetores Gerais do Grau 33 e último Grau do Rito; Francisco Crespi Gênova, Giuseppe Insegna, Savério Friscia, Rosário Bagnasco, e os Ilustres Cavaleiros Kadosh, do Grau 30, Giovani Brasetti e Salvattori Capello, todos os 6, em pleno exercício da Representatividade demanda do Supremo Conselho, datado do primeiro dia, do primeiro mês do Ano da Verdadeira Luz, de 5862 (isto é, 21 de março de 1862), apresentou-nos o General Giuseppe Garibaldi, Mestre Maçom, ao qual conferimos todos os Graus Maçônicos compreendidos entre o 4 e o 33, e nomeando-o, ou apresentando-o para Presidente (Soberano Grande Comendador) do Supremo Conselho e do Grande Oriente da Itália, sediado em Palermo, com o Título de: ***"O mais Poderoso Soberano e Grão-Comandante Grão-Mestre"****.*

Do presente Documento, deve-se tirar cópias para

serem distribuídas a cada um dos Signatários e uma para permanecer nos Arquivos do já mencionado ***"Supremo Conselho e Grande Oriente da Itália, com sede em Palermo"****.*

Hoje, ao décimo sétimo dia do Primeiro Mês do Ano da Verdadeira Luz, cinco mil, oitocentos e sessenta e dois, no Vale de Turim,

Assinam

G. Garibaldi – 33
Rosário Bagnosco – 33
Giuseppe Insegna – 33
Francisco Crespi Gênova – 33
Giovani Brasetti – 30
Salvattore Cappello – 30"

∴

Neste Documento, o Irm∴ Savério Friscia não aparece entre os Signatários. O Irm∴ Crespi Gênova, subseqüentemente, tornou-se o Primeiro Ministro da Itália.

Garibaldi, por alguma razão, convencido da superioridade do Rito Escocês Antigo e Aceito, sobre todos os Graus e Ritos, e, ainda sabendo que a Irmandade Siciliana não era nem um pouco influenciada por Benzo Cavour, aceitou com muita alegria.

"Turim, 20 de março de 1862.

Ilustríssimos Irmãos. Aceito de Coração as Altas Dignidades, de Condutor da Maçonaria Italiana, constituída, de acordo com o Rito Escocês Retificado e Aceito. Eu os aceito porque me foram conferidos através de votação democrática, realizada por homens livres, aos quais devo muita gratidão, não somente pela confiança em mim depositada, e levando-me a tão alta posição; mas, também, pelo apoio obtido de Marçola a Vulturno, envolvido no mister, no grande mister da Libertação das Províncias do Sul. Esta nomeação de Grão-Mestre é uma expressão verdadeiramente significante, dentro da maneira pela qual minha mente nostálgica tem se inclinado, rumo ao objetivo, ao qual tenho buscado durante toda minha vida. E asseguro-vos que, graças a vocês e com a cooperação de todos os Irmãos, a Flâmula Italiana, que é a Flâmula de toda a Humanidade, será o Farol através do qual a Luz do progresso fluirá para Iluminar o mundo todo.

Que o Grande Arquiteto do Universo derrame suas bênçãos sobre todas as Lojas e que seus olhos cheios de graças olhem por nós, e que o nosso Divino Protetor, São João da Escócia[24], continue a conceder-nos sua graça.

Recebam, todos, o meu fraternal abraço,

G. Garibaldi"

∴

Nesta Carta fica evidenciado que o novo Grão-Mestre ainda não estava bem familiarizado com a Terminologia Maçônica, quando se referiu ao Rito Escocês Retificado[25] e Aceito. É, contudo, também, evidenciado, que Garibaldi agregou grande importância à Maçonaria, como fator de luta pela Liberdade[26].

A Carta seguinte, datada de 20 de junho de 1863, em Resposta a uma Pergunta feita pelo Venerável Mestre da Loja "CONCÓRDIA HUMANITÁRIA", de Bolonha, confirma que Garibaldi não era, também, muito esclarecido sobre o Rito Francês (ou Moderno), ao qual ele dava a denominação errônea de Rito Simbólico de Três Graus, como concedido pelo Grande Oriente de Turim.

*De acordo com **Giuseppe Garibaldi**, na França esse Rito (Rito Moderno) era conduzido pelo Imperador Napoleão III que, por manter relações amigáveis com Benzo Cavour, assim como com o Papa, e que tinha ocupado Nice, sua cidade natal, não era alvo de sua simpatia.*

*Em resposta à questão suscitada em sua carta de 31 de março do ano 5862 (que ele grafou **CINCO MIL, OITOCENTOS E SESSENTA E TRÊS**), devo comunicar-lhe que, em minha honesta opinião, vós deveríeis adotar o Rito Escocês Antigo e Aceito, com os Graus Superiores ao 3º Grau; não somente, para a Maçonaria Italiana, aos moldes da Maçonaria Francesa, conduzida por Napoleão*

III, mas, também, pelo fato de seu Rito ser Universalmente praticado. Portanto, espero que vós, juntamente com sua Loja, sigas o exemplo dos Irmãos de Turim, que possuem mais de Três Lojas, e que se tornaram independentes do Grande Oriente de Turim, seguindo os ensinamentos do Rito Escocês Antigo e Aceito.

O efeito da nomeação de ***Garibaldi*** *– Grão-Mestre – fez-se sentir, imediatamente, e, ainda, no decorrer do ano de 1862, o* ***"Supremo Conselho e Grande Oriente"*** *constituiu 17 Lojas, das quais 4 estavam sediadas no Continente; uma das últimas, fundadas, foi a Loja "DANTE ALIGHIERI", de Turim, dita nunca ter tido resposta para sua Candidatura, e tendo continuado suas atividades como ramificação independente do* ***"Rito Escocês Antigo e Aceito"****, e, em conseqüência disso, foi a responsável pela difusão do mesmo, na Região Norte da Itália.*

No final de junho de 1862, ***Garibaldi****, inesperadamente, e, secretamente, partiu para sua Ilha de Capri; voltando para Palermo, no dia 29 de junho, onde, imediatamente, começou a pronunciar inflamados discursos Pró-Libertação de Roma, onde as autoridades Papalinas eram apoiadas por Militares do tão odiado Napoleão III (Grão-Mestre da França).*

O slogan do Belicoso General era – ***ROMA OU MORTE****. O objetivo secreto de sua visita era o recrutamento de voluntários sicilianos para um Exército Mercenário, pronto para marchar contra Roma; tudo isso contrariando a vontade das autoridades políticas de Turim. A verdade, naturalmente, era que o General Garibaldi dispunha de consideráveis reservas particulares, advindas de donativos procedentes da região e do Exterior*[28]*.*

Obviamente, seu primeiro contato foi através da Maçonaria, e, na realidade, os Irmãos Sicilianos receberam o Grão-Mestre, com grande entusiasmo.

O General Garibaldi ordenou, imediatamente, que seu filho, Menotti, juntamente com os seus demais assessores fossem Iniciados na Maçonaria. A maioria desses, aclamados no Norte da Itália, convenceram alguns

Patriotas; por exemplo, o Coronel Francisco Nullo – que morreria poucos dias mais tarde – num Campo de Batalha, na Polônia, para onde ele tinha ido para ajudar os Poloneses na Batalha contra os Russos.

Eis a Ordem do Grão-Mestre Garibaldi:

"Vale de Palermo, 3 de julho de 1862

Desejo que as pessoas abaixo relacionadas sejam, oficialmente, Iniciadas na Ordem Maçônica, em algumas das Lojas subordinadas a este Grande Oriente. E para este propósito, juntamente com outros poderes a mim conferidos, eu os dispenso das formalidades costumeiras.

PIETRO RIPERI, de Cremona – 60 anos
Giacinto Bruzzesi, de Roma – 40 anos
Gioseppe Missori, de Milão – 33 anos
Francesco Nullo, de Bérgamo – 36 anos
Giovani Chiassi, de Mântura – 35 anos
Giovani Basso, de Nice – 38 anos
Enrico Guastalla, de Mântua – 33 anos
Giuseppe Nuvolari, de Mântua – 40 anos
Giuseppe Guerzoni, de Bréscia – 29 anos
Francesco Bedeschini, de Veneza – 28 anos
Pietro Forza, de Veneza – 28 anos
Gustavo Friguezi, da Hungria – 30 anos

O Grão-Mestre e o Soberano Grande Comendador, da Ordem, G. Garibaldi, Grau 33".

∴

No dia 7 de julho, o Supremo Conselho e Grande Oriente da Itália, expediu uma Circular a qual fala por si mesma:

"A todas as Lojas Maçônicas afiliadas ao Supremo Conselho e Grande Oriente.

Prezados Irmãos e Mestres da Ordem, Giuseppe Garibaldi, Poderoso Soberano Grão-Mestre de nossa Nobre Ordem Maçônica, tendo chegado neste Oriente (Palermo), tem espalhado alegria nos corações de todos e, muito particular, nos corações dos Maçons em fé.

No crepúsculo do dia primeiro de julho, no Pavilhão do Palácio Real, onde vivia, reuniu o Supremo Conselho, o qual ele presidia, usando todas as Cerimônias Ritualísticas que foram extraídas das Atas.

No dia 3 de julho, ele aceitou o Banquete Ritualístico, oferecido pelos Membros do Supremo Conselho (na Vila do Príncipe do Belmont); sua face serena, seu sorriso angelical, suas palavras cheias de amor e benevolência pela raça humana, fê-lo parecer Cristo, em sua Última Ceia.

Na noite daquele mesmo dia, às 9 horas, Garibaldi visitou os Maçons em Assembléia. Foi um espetáculo sublime e comovente. Havia no Templo, mais de 375 Irmãos, Maçons de todos os Graus. Cada Irmão ocupava o seu devido lugar, ostentando o simbolismo de seus Graus.

Quando se anunciou que o ***"Poderoso Soberano Grande Comendador e Grão-Mestre estava para entrar no Recinto, o Primeiro Lugar-Tenente Grande Comendador e demais Irmãos do Supremo Conselho"****, dirigiram-se para a porta do palácio, a fim de, ritualisticamente, recebê-lo. E, então, precedido por 16 Irmãos Cavaleiros Rosa-Cruz, portando tochas acesas, apareceu o Grão-Mestre Garibaldi que, revestido dos Paramentos de Grão-Mestre, passou sob a Abóbada de Aço, feita com as Espadas Cruzadas e sentou-se em seu Trono".*

Após ter passado o Cetro de Comando, ao seu Lugar-Tenente, Grande Comendador, que o repassou para o Venerável Mestre, a Loja foi aberta no Grau de Aprendiz.

Através de Aplausos Ritualísticos, as seguintes pessoas foram Iniciadas na Maçonaria:

Menotti Garibaldi
Francesco Giuseppe Nullo
Giuseppe Missori
Giuseppe Guersoni
Enrico Guastalla
Giuseppe Nuvolari

Em seguida, o Grão-Mestre pronunciou as seguintes palavras, com os Irmãos em absoluto silêncio:

"Orgulho-me de pertencer à Maçonaria. Agradeço a todos os amados e queridos Irmãos Maçons, por terem me nomeado Grão-Mestre da Ordem. Minha gratidão é a maior possível, porque eu considero que o posicionamento que eles desejaram me conferir, está além de meu poder e mérito. Contudo, garanto-lhes que meu coração é Maçom.

Recomendo-vos, a nossa bela Itália, ainda está dominada pelo Estrangeiro (Áustria e França), devassada por falsos Padres. Lembrem-se, que vários de nossos Irmãos ainda estão sofrendo a mais cruel e a mais ignóbil servidão. Confio que, muito breve, a Itália será dos italianos e que formaremos uma única família, desde os Alpes até as mais remotas praias do Sul da Sicília, terra dos embates políticos. Ainda que, em idade avançada, sacrificaria o restante do tempo que ainda me resta – à Itália. E digo-vos, mais, que nós, em breve... etc".

Nesta Carta Circular, o leitor, por certo, observou a frase:

"Eu digo-vos, ainda, que nós... em breve..."

O que significa – IREMOS PARA ROMA – e enfatiza o auto-segredo da decisão, um sigilo que, aos olhos do autor, parece ingênuo, porque foi, na realidade, acompanhado de muito barulho.

Um outro exemplo é a Carta Circular Secreta, que o Grão-Mestre Garibaldi enviou a todas as Lojas Maçônicas Sicilianas:

"Venerável Mestre,

Os momentos presentes são supremos para nossa bela Itália, ainda acossada pelos estrangeiros e assolada pelos falsos Padres de Roma, e é necessário que o máximo de todos os Membros desta pobre e sofredora Itália estejam reunidos e, no Capitólio Romano, o glorioso Pavilhão Nacional seja desfraldado em segurança e de forma Gloriosa.

Todos os homens italianos, ou que possuem coração italiano, de qualquer forma, concorram para a realização deste sublime pensamento.

Ele seria um insano, um apátrida, se não acorrer em socorro de sua própria Mãe Pátria.

Nossos queridos Irmãos, com certeza, dão-se conta de que a causa da Itália é uma causa mundial, é uma causa da Humanidade.

Portanto, nossos Irmãos, como Cidadãos e Maçons, devem cooperar de modo que Roma se torne, realmente, uma cidade Italiana e a Capital de uma Poderosa Nação[29]*. E é dever deles, não somente ajudar a patriótica reconstrução, com todos os meios disponíveis, mas, também, persuadir os não-Iniciados a admitirem o fato de que, sem Roma, o destino da Itália será incerto; ao passo que, com ela, todas as tristezas acabarão e um Governo Livre e Sábio emergirá.*

Vós, Venerável Mestre, explicará estes meus sentimentos aos Irmãos Mestres Maçons, Membros dessa Loja, para que, no momento certo, estejam prontos a unirem-se sob o Pavilhão, pelo qual tanto sangue italiano tem sido derramado.

Esta ocasião, com certeza, não está tão distante e é, portanto, necessário que, a partir deste momento, todos os homens bons se preparem para atender o chamado da Nação Patriarca.

Portanto, não somente vós, mas quem quer que seja de coração italiano, ou italiano de coração, deve armar-se para a Grande retomada. Cabe, especialmente, a vós, pregar o cumprimento deste sagrado dever, de forma verbal e, somaticamente, através de ações. E, devido ao fato notório, de que o segredo é a base dos grandes feitos militares, vós, Venerável Mestre, dará ciência da presente missiva, reservadamente, sem a presença de visitantes, recomendando aos Irmãos a manutenção do silêncio, ao qual, mais de uma vez, prestaram juramento.

Saúde e Irmandade.

Soberano Grande Comendador e Grão-Mestre
G. Garibaldi, 33º"

∴

Apesar das ordens contrárias do Governo, Giuseppe Garibaldi comandou a Reunião de seu Exército de Voluntários. Contudo, a Ação Militar contra Roma, subjugada, transformou-se num estrondoso fracasso, talvez que o pior de toda a carreira militar de Garibaldi, porque, em 29 de agosto de 1862, seu Exército, mal disciplinado, foi derrotado pelas tropas Piemontesas, nas montanhas da Calábria. O próprio Garibaldi, ferido em uma das pernas, foi abandonado e rendeu-se. Foi, contudo, mais uma vez, libertado, e, mais uma vez, refugiou-se em sua Ilha de Caprera (de Capri).

Durante o ano de 1863, o ***"Supremo Conselho e Grande Oriente da Itália"****, fundaram mais 24 Lojas, das quais 9 estavam na Região de Nápoles. Os desenvolvimentos acontecidos no Norte da Itália, contudo, tornaram-se uma preocupação séria. Primeiro –* ***o Rito Escocês, Antigo e Aceito****, de Turim, conduzido por Irmãos, tais como Ludovico Frapolli, camarada de Armas do General Garibaldi, estendeu sua atividade Rival por toda a Itália. Outrossim, como já havíamos visto, o* ***"Grande Oriente da Itália"*** *mudou seu curso. Falava-se agora, numa plena "LIBERDADE DE RITOS", e da possibilidade de uma Unificação de toda a Maçonaria Italiana, em apenas 4 seções territoriais, ameaçando, com isso, de privar o* ***"Supremo Conselho e Grande Oriente"****, de sua exclusividade.*

Para discutir essa situação com o Grão-Mestre, o ***Supremo Conselho e Grande Oriente*** *fez uso de um Enviado – o Grande Secretário – Giuseppe Colosi, para Caprera. O resultado foi o seguinte Decreto:*

"Caprera, 31 de agosto de 1863.

A todas as Lojas, Capítulos, Areópagos e Constituintes, e a todos os Irmãos Maçons do Rito Escocês, Antigo e Aceito.

SABEDORIA, LIBERDADE E UNIÃO.

A Ordem Maçônica do Rito Escocês, deve-se estender na Itália, com todo o vigor possível.

Como tem sido de há muito, a obediência ao ***Supremo Conselho e Grande Oriente da Itália, com sede em Palermo****, deve continuar, até quando for possível, operar na Capital – isto é – em Roma.*

O projeto de se ter mais Corpos, cada um Independente, um do outro, pode ser realizado, fazendo-se com que guardem Obediência ao ***Supremo Conselho e Grande Oriente da Itália****, sediado em Palermo, como a Fundação da Unidade Maçônica.*

A todos os Irmãos, um Tríplice Abraço do Grão-Mestre e Soberano Grande Comendador, do Rito Escocês Antigo e Aceito.

G. Garibaldi – 33∴"

∴

Esse Decreto dirigido aos Maçons da Itália, não satisfaz os Irmãos filiados ao ***Supremo Conselho e Grande Oriente da Itália, sediado em Palermo****, que não viam como a idéia das 4 seções pudessem ser viabilizadas na prática. Portanto, o Soberano Grão-Mestre tentou se explicar, de forma mais clara, através de uma proposta modificada, que demonstrava, contudo, que Garibaldi, com certeza, não anuiria com a idéia de diferentes Corpos Maçônicos, competindo entre si. Daí, sua nova Comunicação:*

"Caprera, 3 de novembro de 1863.

Ao ***Supremo Conselho e Grande Oriente da Itália, do Rito Escocês, Antigo e Aceito, sediado em Palermo****.*

A título de esclarecimento de minha Carta anterior – Declaro:

a) que não é permitido suscitar dúvidas a respeito da mesma, assinar, como também questionar a Autoridade do Soberano Grão-Mestre e Grande Comendador do Supremo Conselho, sediado em Palermo, e nem tentar mudar sua localização;

b) que desejo a Unidade de toda a Maçonaria Italiana e a Convocação de uma Assembléia para esse propósito.

Não uma Assembléia Constituinte, que viesse a alterar os Princípios Ritualísticos, já instituídos, mas, uma Assembléia de cunho legislativo, que pudesse traçar programas e elaborar Estatutos para uma futura Federação de todas as Lojas Italianas, sob o absoluto comando do ***Supremo Conselho e Grande Oriente de Palermo****.*

Esta Carta tem por escopo, elucidar qualquer interpretação errônea, de minhas Cartas anteriores e tranqüilizar o ***Supremo Conselho****.*

G. Garibaldi, 33∴"

Àquela altura, a Discussão foi interrompida pelo fato de Giuseppe Garibaldi ter aceito um convite para visitar a Inglaterra, pois com o qual desejava manter boas relações. De fato, as Campanhas Militares estavam consumindo grandes somas de dinheiro e, com certeza, o Governo Italiano nem sempre arcava com tais gastos. O que representava o grosso das contribuições vinha do Exterior, mais precisamente da Inglaterra e, especialmente, da Escócia.

Em abril de 1864, Garibaldi encontrava-se em Londres, em Stafford House (hoje, Lancaster House), como hóspede do Escocês – o Duque de Sutherland. Em Londres, a recepção superou as expectativas, considerando que ele tido como objeto de preocupação para o Governo da Inglaterra, que o considerava como um Revolucionário, simplesmente. Contudo, foi recebido de forma muito amigável, pela Alta Sociedade Londrina, e teve uma audiência com o Príncipe de Gales, o Maçom, e futuro Grão-Mestre da Grande Loja Unida, sua Alteza Real, Albert Edward, futuro Rei Edward VII, da Inglaterra, contudo a Rainha Vitória não o recebeu, pelo simples fato de que ela não apreciava pessoas trajando camisas vermelhas.

Garibaldi conversou com o Grão-Mestre da época, o Conde de Zetland, porém, provavelmente (esse provavelmente é por conta do autor deste Trabalho), a conversação não foi além da troca de amabilidade ainda que o General tenha mencionado que o conde o teria reconhecido como Grão-Mestre do Rito Escocês.

Garibaldi havia planejado visitar Glasgow, onde seu amigo particular, o Irmão John Mc Adam, havia preparado uma recepção toda especial para ele, na Associação dos Homens Trabalhadores (precursora do Partido Socialista) de Glasgow, e na Loja Maçônica "St. Clair nº 362". Na Ata de 11 de abril de 1864, consta o seguinte:

"Pelo Wm. Dobbie R W M, na Cadeira (Pelo Venerável Mestre, Respeitabilíssimo Venerável Mestre, em sua Cadeira). *Loja Aberta, no Grau de Aprendiz e em Sessão de Iniciação, recebeu o Capitão Edward Lelan, Mestre*

Fuzileiro, para Iniciação, nesta Loja, o que foi feito pelos Irmãos, Iniciando-o nos Mistérios de nossa Ordem.

O Irmão James Thomson, Ex-Venerável (PAST MASTER), propôs, então, que o encontro nessa Loja tivesse como objetivo outorgar ao Irmão GIUSEPPE GARIBALDI, o Ritual de Recepção do Rito Inglês (isto é, EMULATION), e para tal um comitê deveria ser formado para recebê-lo, em sua chegada, e como um marco da estima que tinham por ele, que a Loja o Filiasse, como Membro Honorário dessa Loja, o que foi unanimemente aprovado pelos Irmãos presentes. E foram designados os seguintes Irmãos para organizar o Comitê de Recepção... etc.".

∴

A Loja, também, havia mandado cunhar duas medalhas comemorativas, uma para ser oferecida a Giuseppe Garibaldi, e a outra para ser ostentada pelo Venerável Mestre, em ocasiões especiais.

Infelizmente, essa visita teve que ser cancelada pelo fato de que a popularidade de Garibaldi, em Londres, tornara-se embaraçosa para o Governo; isto somente porque o nosso grande Herói Garibaldi tinha o hábito de proferir discursos inflamados, e também porque Garibaldi nunca hesitou em externar sua opinião sobre o Rei Napoleão III (e eles eram apenas Grão-Mestres), da França. Foi então sugerido que o melhor seria que Garibaldi deixasse o país, por "Questões de Saúde".

O Irmão John Mc Adam viajou para Londres, para ver Garibaldi, antes que ele partisse, e o que se segue é o seu relatório que ele fez publicar no ***Correio Diário Britânico do Norte****, de 25 de abril de 1864.*

(**Nota do Xico Trolha:** Como já esclarecemos – ver Nota 16, onde pode bem ser justificado o porquê do Governo Inglês ter pedido para Garibaldi retirar-se de seu território. Não se podia despertar grandes suspeitas sobre o dinheiro que Garibaldi usava para a manutenção de suas Tropas Voluntárias...)

Eis o que foi publicado no Diário:

"Senhor, de acordo com a resolução do Comitê dos Homens Trabalhadores, de Glasgow, fui para Londres, na quinta-feira, à noite, e ontem estive com alguns Irmãos, dos mais proeminentes amigos da causa italiana – entre outros – o Senhor e a Senhora Kennaird, que, como nós, lamentaram a partida do General Garibaldi, ainda que tenham concordado com o que, circunstancialmente, a iniciativa de ele retornar a Caprera, e lá ficar por algum tempo, tenha sido, deveras, sábia. Contudo, fui a ***Stafford House****, e enviei uma nota ao Duque de Sutherland, que o intimou a estar comigo, dentro de uma hora. Todavia, fiquei sabendo que o Príncipe de Gales estava com o General Garibaldi, que partiria, em meia hora, para a propriedade do Donatário de Sutherland. Informado disso, saí e, ainda, o vi partir.*

Hoje, de manhã, portanto, fui a CLIVEDEN HOUSE, a 33 km de Londres, justamente quando o Donatário de Sutherland, Garibaldi e a Duquesa de Argyle, dirigiram-se para a última fazenda-modelo, do Príncipe Albert Edward para, juntos, sentirem, da margem da terra, a passagem de uma máquina a vapor. O General me reconheceu e me recebeu, calorosamente, e a Duquesa explicou que retornariam às 14 horas; e que gostaria que eu a aguardasse, com o que concordei, prontamente, e aproveitei para passear pelos belos jardins e gramados.

Quando o General Garibaldi voltou, conversei um pouco com ele, em particular; ele parecia abatido; trajava-se com zelo. Garibaldi possuía baixa estatura, mas, sem ser impertigado, ainda que parecesse mais firme do que acreditávamos.

Disse-me que estava voltando para Caprera; mas que, breve, retornaria, recomendando-me que agradecesse, por ele, o Sr. Tenente, por sua amável oferta e que me escreveria quando estivesse para voltar; entrementes, eu e o senhor Joseph Cowen, continuaríamos a trabalhar da mesma forma. E o que prometi seria feito, sem que isso interferisse em nada do que já estava feito, no que diz respeito à

Recepção que ele teria, na Escócia; porém, que eu estaria pronto a cooperar, de qualquer forma.

Apresentei-lhe, então, o endereço da Loja Maçônica "St. Clair", o que ele me prometeu levar em muita consideração, e, já a bordo do Iate, disse-me que escreveria algumas linhas para alguns de seus proeminentes amigos em várias partes da Escócia. Um pequeno detalhe, que muito me agradou. Ao presenteá-lo com uma bengala, ele a admirou por longo tempo, e, então, perguntei-lhe se ele já não possuía uma outra bengala, de seu uso, para deixar-me de lembrança; ele disse que o faria com muito prazer, somente que a sua bengala estava no meio da sua bagagem, e já fora transportada para dentro do barco e que a única que possuía à mão, naquele momento, era a que tinha recebido do Conde Russel, também, de presente, já que tinham, cerimonialmente, trocado de bengalas, no dia anterior. Isso, parece-me um bom sinal da forte amizade de nosso mais ilibado Membro do Governo, pelo Grande Herói Italiano e seu país.

Respeitosamente,

John Mc Adam"

∴

De acordo com os Biógrafos de Garibaldi, ele nunca esteve em Glasgow e Mc Adam nunca esteve com ele (em quem acreditar?).

Apesar de um certo Sr. William Hammond, autor de uma autobiografia, sustentar ter estado com o General Garibaldi, quando ele esteve, pela última vez, em Glasgow, em uma de suas campanhas de recrutamento de Mercenários. Talvez, isso possa ter acontecido, por ocasião de sua estada em Tynemouth, como Capitão, em 1854.

Nosso Herói partiu da Inglaterra, em um iate do Duque de Sutherland.

O Irm∴ Mc Adam continuou a dedicar-se a Garibaldi, e à sua causa. Trocaram correspondências nas quais trataram de grande variedade de assuntos, tais como pode ser visto na seguinte carta:

"Meu caro Mc Adam,

Devo esclarecer que não tenho nada a ver com a petrificação do corpo de Mazzini. Devo dizer, também, que não aprovo tal coisa. Mesmo porque, no concernente a mim mesmo, eu gostaria que o mesmo fosse cremado. Essa idéia não é nova, considero-me plenamente adaptado a uma simples transformação da Matéria.

As batatas, nabos, cenouras, que você me enviou, estão crescendo de maneira estupenda. Saudações à sua família.

Do sempre seu,

G. Garibaldi"

∴

Mc Adam batizou um de seus filhos "Menotti Garibaldi", um nome o qual, ainda hoje, pertence a um neto do último da prole.

A medalha de Garibaldi foi dada de presente, em 1974, ao Grande Oriente da Itália, através de uma Delegação Escocesa, chefiada pelo Irm∴ M. W., Sereníssimo Grão-Mestre da Grande Loja da Escócia. Em 1986, o Grão-Mestre do Grande Oriente da Itália fez a visita oficial que Garibaldi deveria ter feito à Loja "St. Clair", 122 anos antes.

Ele ostentava a medalha e foi consagrado Membro Honorário da Loja.

De volta à Itália, Garibaldi, mais uma vez, ocupou-se com os delicados assuntos maçônicos (Garibaldi era mais um Guerreiro que Maçom, ou Carbonário), *enviando a seguinte carta, na qual enfatizava que o* ***"Grão-Mestre Maçom, Inglês"****, tinha reconhecido-o como* ***"Grão-Mestre do Rito Escocês, Antigo e Aceito da Itália – Palermo"****. Ele continuou seus esforços para unificar os diferentes Grupos Maçônicos, e agora estava predisposto a* ***aceitar a filiação de mulheres na Ordem****.*

Não existe nenhuma evidência de que "as Lojas Femininas" tenham sido realmente constituídas. Mas é certo que, em 28 de agosto de 1867, Garibaldi assinou um ***DIPLOMA QUE CERTIFICAVA QUE SUZAN CARRUTHERS DE PISA****, filha de William Carruthers, da cidade de Edimburgo, era uma* ***Irmã Mestre Maçom***[30].

Dá para notar-se que nas Cartas escritas por Garibaldi, pelo teor das mesmas, ele começava a fugir do estilo fraternal maçônico, para tornarem-se cartas comerciais, simplesmente.

Senão, vejamos:

"Caprera, 15 de maio de 1864.

Para a Glória do Grande Arquiteto do Universo,

Para o S∴ C∴ G∴ O∴ da Itália, sediado temporariamente, em Palermo.

E para o G∴ M∴ da Maçonaria Italiana, do Rito Escocês Antigo e Aceito, e Reconhecido como tal, pelo Grão-Mestre da Maçonaria Inglesa, sob os mesmos Ritos, para que se atinja de forma mais objetiva os Escopos da "UNIÃO MAÇÔNICA ITALIANA", posto o seguinte:

a) como existe na cidade de Palermo, o Supremo Conselho e Grande Oriente da Itália, agregado ao Rito Escocês, Antigo e Aceito, é minha vontade que todos os Corpos que tenham se agregado a este mesmo Rito, se ajustassem a ele para que haja maior consistência na mencionada "UNIÃO".

b) todas as Entidades Maçônicas que trabalham regularmente, em um outro Rito, devem ser consideradas inseridas na relação das Normas dos "ESTATUTOS GERAIS DA ORDEM".

c) considero-o assaz necessário que a GRANDE LOJA CENTRAL deveria reunir-se em Palermo, onde os respectivos representantes de todas as Lojas Italianas, desejando filiar-se a nós, se apresentassem para que se pudesse obter um Acórdão.

d) para facilitar nossas atividades das LOJAS FEMININAS, que serão constituídas, serão agregadas ao Supremo Conselho e Grande Oriente da Itália, sediado, temporariamente, em Palermo.

As propostas seguintes, por mim firmadas, devem ser lidas em todas as Lojas Maçônicas.

GIUSEPPE GARIBALDI – 33∴"

∴

As "PROPOSTAS", parece que não surtiram muito efeito, todavia, nesse meio tempo, o Grande Oriente da Itália, com sede em ***Turim****, durante sua ASSEMBLÉIA realizada em FLORENÇA, em maio de 1864, expressou-se, unânime, por Garibaldi, como seu Grão-Mestre.*

Foi enviada uma Comissão para Caprera, com a seguinte Carta, datada de 24 de maio de 1864:

"Para Giuseppe Garibaldi, em Caprera.

General!

Os Maçons reunidos em Florença, representando mais de 70 Lojas Maçônicas, propuseram Unificar a Maçonaria Italiana, da mesma forma que se faz necessária a Unificação da nossa Terra Natal. Objetivando a ascensão da Ordem Maçônica, ao nível do Progresso da nossa moderna Civilização. Portanto, os Ritos Maçônicos, têm sido dito, serem completamente Independentes, da mesma forma, como a Liberdade de Pensamento, de Consciência, e a Liberdade de Crença.

Na Itália, sempre existiu dois Grandes Orientes, trabalhando em ***Dois distintos Ritos****. Todavia, a* ***Unificação Política*** *requer a* ***Unificação Maçônica*** *que, moralmente, representa o Progresso da Humanidade. Neste país, um GRÃO-MESTRE torna-se iminente, quando sua pessoa aceita e, incorpora-se a idéia da UNIDADE NACIONAL (isto é, GARIBALDI, Grão-Mestre do Grande Oriente da Itália, sediado em Palermo) e a ASSEMBLÉIA CONSTITUINTE DE FLORENÇA, respeitando os Ritos, e Elegendo o mesmo Grão-Mestre, para a totalidade da Maçonaria Italiana, teria, desta maneira, satisfeito o desejo da maioria, e feito o que era necessário para o estabelecimento das bases da CONSTRUÇÃO NACIONAL.*

Na Itália, entrementes, não tínhamos, ainda, recuperado Roma, a FUNDAÇÃO NACIONAL DA MAÇONARIA ITALIANA, ou qualquer outra escolha para que essa Fundação se estabeleça, ainda, que, grande parte dela, esteja vinculada a Tradições Históricas, poderá ser motivo de ciúmes. E a ASSEMBLÉIA CONSTITUINTE MAÇÔNICA de Florença, ainda que, descentralizando a Administração Maçônica em Quatro Seções – ***Palermo, Nápoles, Florença e Turim*** *– tem buscado construir as bases para uma competente RECONCILIAÇÃO, mas, sem destruir a* ***Unidade*** *do Conceito e com a Representação comum, somente para o Grão-Mestre. A* ***priori****, respeita-se assim o Rito, e o Cerimonial de cada Rito. Somente as Relações Maçônicas Internacionais ficam a cargo da Grande Chancelaria, na Capital Política do Governo Italiano (no momento, em Turim), onde os Grandes Representantes, e outros Representantes estrangeiros estarão.*

Conseqüentemente, por que razão não levamos a efeito a tão desejada UNIFICAÇÃO?

Não por causa dos Ritos, pois os mesmos sempre serão respeitados; não por causa do Grão-Mestre, porque sua escolha foi unânime, como foi mostrado na votação, que foi realizada, individualmente, em cada Loja Italiana. É verdade que, ocasionalmente, as pessoas são mui facilmente sacrificadas, em voto, à Insaciável Deidade, do Acordo, mas isso não pode ser dito, quando se trata de seguir o caminho verdadeiro que nos levará à ***UNIDADE****, esse caminho passará a representar o Progresso Moral da Humanidade, correspondendo ao Progresso Político da Nação Italiana.*

Será que Giuseppe Garibaldi seria aquele tipo de Italiano que rejeita a UNIÃO de esforços da Assembléia Constituinte de Florença?

Vale do Arno, ao vigésimo quarto dia, do terceiro mês (maio) do ano da Verdadeira Luz (5864) – 1864.

Ass. Francisco de Luca, Mauro Macchi, Antonio Mordini, Giovani Nicotera, Giuseppe Dolfi, Ferdinando

Ghersi, Lodovico Frapolli, Francesco Pulsziki e Orázio Antinori".

∴

O conteúdo da Carta corresponde, exatamente, ao que GARIBALDI vinha tentando explicar para o S∴ C∴ e G∴ O∴ de Palermo e, nesta conexão, não deve ser esquecido que vários dos aspectos anteriores foram endereçados a todas as Lojas Maçônicas da Itália, e, não, exclusivamente, ao S∴ C∴ G∴ O∴.

Garibaldi aceitou, imediatamente, a Eleição feita pelo Grande Oriente de Turim, e respondeu da seguinte maneira:

"Caprera, 6 de junho de 5864, ano da Verdadeira Luz.

À Comissão Executiva da Assembléia Maçônica Italiana de Florença.

Aceita a Eleição para Grão-Mestre da Maçonaria Italiana, a mim conferida, pela Assembléia Constituinte de Florença, e tendo sido a mim comunicado pela Comissão Executiva.

G. Garibaldi 33∴"

A Comissão Executiva foi, também, composta com o Primeiro Decreto do Grão-Mestre e Soberano Grande Comendador Geral, da Itália, assim:

"Caprera, 8 de junho de 1864.

À G∴ D∴ G∴ A∴ D∴ UN∴

O Grão-Mestre do Grande Oriente da Itália Decreta:

Art. 1º – Delego ao Digno Irmão, Antonio Mordini, como meu representante, no Grande Oriente da Maçonaria Italiana, para me representar na Grande Assembléia da Ordem, a ser realizada no Oriente de Turim, Vale do Pó.

Art. 2º – O Irmão Mordini fica, também, encarregado

de agilizar, o mais rápido possível, as relações com as Obediências Maçônicas Estrangeiras.

G. GARIBALDI – 33∴".

∴

Ao Supremo Conselho e Grande Oriente de Palermo, foi informado, simplesmente, assim:

"Caprera, 8 de junho de 1864.

Ao Supremo Conselho e Grande Oriente de Palermo

Saúde e Fraternidade:

Irmãos, a Comissão, de posse de um mandado da ***Assembléia*** *Constituinte de Florença, comunicou-me do fato de minha Eleição, como Grão-Mestre da Maçonaria Italiana.*

Entre as deliberações daquela ***Assembléia****, encontro os seguintes Artigos:*

Art. 1º – A totalidade da Maçonaria Italiana, dividir-se-á em Quatro Centros: ***Turim, Florença, Nápoles*** *e* ***Palermo****, cada um, independente, entre si.*

Art. 2º – Cada Centro terá uma Assembléia de dez Irmãos Maçons, que guardará (manterá) relações diretas com o Grão-Mestre, e seu Grande Secretário, sediada, provisoriamente (isto é, até a Libertação de Roma) em Turim.

Art. 3º – Em cada uma das ***Supremas Assembléias****, o Grão-Mestre nomeará um Presidente que o representará, interinamente.*

Art. 4º – Em cada uma das ***Supremas Assembléias*** *eleger-se-á Dois Delegados, dos quais requerer-se-á serem residentes em Turim, como parte do Secretariado.*

Art. 5º – As Quatro ***Supremas Assembléias*** *formarão a SUPREMA ASSEMBLÉIA GERAL, para a totalidade da Maçonaria Italiana.*

Pareceria que todos os obstáculos teriam sido eliminados. É, contudo, meu desejo, que todos vocês contribuam para a formação da UNIDADE MAÇÔNICA, ITALIANA.

*Vocês formarão um NOVO SUPREMO CONSELHO, do qual vocês elegerão dois Delegados, que residam no Oriente de **Turim**, enviando-me, a posteriori, os detalhes.*

Enviarei a vocês uma proposta, concernente à modificação dos nossos Estatutos, adaptando-os às novas situações.

Encerrando, aceitem minha Tríplice Saudação.

De vosso Grão-Mestre – Giuseppe Garibaldi, 33∴".

∴

*Essa Carta foi motivo de profunda consternação em Palermo. Um dos principais membros do S∴ C∴ G∴ O∴, Irm∴ Colosi, foi escalado para ir a **Casamicciola**, na região de Nápoles, onde Garibaldi estava residindo, temporariamente. Este último, contudo, considerando-se Grão-Mestre do Rito Escocês Siciliano, não viu o porquê disso não poder ser combinado, como o Ofício do Grão-Mestre do Grande Oriente da Itália, o qual estava crescendo exponencialmente, e era composto de vários elementos, de alta qualidade. Contudo, ele estava, principalmente, interessado na **"UNIFICAÇÃO DE TODOS OS CORPOS MAÇÔNICOS DA ITÁLIA"**, uma tarefa que se apresentou um tanto difícil, num difícil mister para se levar a cabo, quanto pareciam.*

E foram assim esclarecidas pelo General:

"Casamicciola, 3 de julho de 1864.

Ao Supremo Conselho de Palermo

*Com o intuito de explicar minhas Cartas anteriores, datadas de 15 de maio e 6 de junho de 1864, declaro que minha aceitação, ex-ofício de Grão-Mestre da Maçonaria Italiana, assina como do RITO ITALIANO, a mim oferecido pela **Suprema Assembléia de Florença**, não tem, de forma alguma, alterado a minha qualidade de **Grão-Mestre Vitalício e Soberano Comendador do Rito Escocês Antigo e Aceito**, representado pelo Supremo Conselho, sediado, provisoriamente, em Palermo.*

*Visando à **UNIFICAÇÃO** de todas as atividades possíveis, das diferentes partes da **FAMÍLIA MAÇÔNICA**, disseminada por toda a Itália, desejo que, o mais breve possível, se realize uma nova Reunião da Suprema Assembléia Maçônica, na qual todos os Representantes, democraticamente Eleitos, de todas as Lojas Maçônicas, legalmente Constituídas, em território italiano, estejam presentes.*

O dia e lugar da Reunião da Suprema Assembléia (o que seria para nós, hoje, no Brasil, uma Reunião do Grande Conselho da Ordem, no GOB, é claro) *será brevemente, comunicado, por mim, através de um pronunciamento, subseqüente.*

Do vosso Grão-Mestre

G. Garibaldi, 33∴".

∴

*Na carta, supracitada, Garibaldi se equivocara, quando referiu-se ao Grande Oriente da Itália, como mantenedor do **Rito Italiano** (isto é, DO LABORE, DO TRABALHADOR), porque, no fato presente, o Grande Oriente da Itália consistia de Lojas Simbólicas, ou do "TRABALHO", assim como vários corpos dos Grupos Superiores, do Supremo Conselho, do Rito Escocês Antigo e Aceito.*

É evidente, simplesmente, que o General Garibaldi não poderia entender a insistência dos Maçons de Palermo, em sua presumida necessidade, porque os Procedimentos Administrativos, de ambos os Corpos – Supremo Conselho e Grande Oriente – ainda eram considerados provisórios, até a Libertação de Roma.

Posteriores protestos em Palermo resultariam na atitude, um tanto quanto tempestuosa, do grande General, Garibaldi, de abdicar, enviando aos Irmãos a seguinte Carta:

"Irmãos, meu estado de saúde faz com que eu, com

grande pesar, ofereça a minha renúncia ao Cargo de Grão-Mestre de Honra, o qual vocês conferiram-me.

Aceitem meu Tríplice Abraço, que envio a vocês, com os meus sinceros desejos de uma sempre crescente difusão, prosperidade e glória de toda a ordem ilustre.

G. Garibaldi, 33∴".

∴

O Supremo Conselho e Grande Oriente responderam, através de uma Carta datada de 20 de agosto (cujo conteúdo exato, o pesquisador não conseguiu localizar), comunicando ao General Garibaldi que ele tinha sido nomeado Grão-Mestre e Soberano Grande Comendador, fato esse que excluía toda e qualquer possibilidade de Renúncia.

Alquebrado, o Grão-Mestre respondeu:

"Caprera, 12 de setembro de 1864.

Por favor, avise o S∴ C∴ e G∴ O∴, que recebi sua amável Carta, datada de 20 de agosto de 1864, e que eu reconsiderei minha renúncia.

G. Garibaldi, 33∴".

*Em 1865, o Grande Oriente da Itália, assim como o Supremo Conselho, transferiram-se de sua sede de **Turim** para **Florença**, que passara a ser a "Capital provisória" da Itália. Uma Seção dissidente do **Rito Escocês Antigo e Aceito**, conduzida pelos Irmãos de Milbtz e de Riboli, permaneceu, contudo, em **Turim**.*

*Momentaneamente, entre as Quatro Autoridades Maçônicas, rivais (Florença, Palermo, Nápoles e Turim), havia uma total discordância, fato que, por certo, não contribuía para o desenvolvimento pacífico do "LABORE" (isto é, o recém-criado Rito Italiano). Em 1866, o Supremo Conselho e Grande Oriente resolveu enviar seu Grande Secretário – BOZZONI – a **Caprera**, para discutir a situação, com o Grão-Mestre Garibaldi, cuja opinião não* *deixava dúvida – como evidencia o seguinte Comunicado, do Grão-Mestre:*

"Caprera, 17 de abril de 1866.

Aos Irmãos – Grandes Inspetores Gerais, Membros ativos do Supremo Conselho e Grande Oriente da Itália, ***do Rito Escocês, Antigo e Aceito****, com sede provisória em Palermo, enquanto* ***Roma*** *não for, ainda, a Capital dos Italianos.*

Caros Irmãos, repito o que já havia vos dito, assim, como para o mui querido Irmão, Grande Secretário, ***Bozzoni****. As condições na Maçonaria Italiana são, realmente, deploráveis, fato este, devido a intromissão de elementos heterogêneos, assim como, também, pela execução do elemento jovem e abnegado; assim como, pela ausência de propósitos úteis.*

É necessário que, assim como no passado, a totalidade dos Maçons tentasse libertar o país Patriarca, e a Sociedade, da cratera, dentro da qual nós nos encontramos. Neste sentido, serei conivente com vocês. Espero que a SOBERANA GRANDE ASSEMBLÉIA, de todas as Lojas, tenha sido, como seu principal objetivo, e sempre que vocês agirem, objetivando o bem da Itália e o Progresso da mesma, estarei ao vosso lado, ao vosso inteiro dispor.

Grão-Mestre, Giuseppe Garibaldi, 33∴".

Desta Carta concluímos, mais uma vez, que Garibaldi via a Maçonaria como uma Organização, líder dos desenvolvimentos políticos. (Mas será que o Irm∴ Stopler, tinha alguma dúvida disso?)

Como vimos, durante a reunião da Suprema Assembléia, de 1864, em Florença, o Grande Oriente da Itália, que preparava um plano para a divisão da Maçonaria Italiana, em Quatro Seções – porém integradas. E, finalmente, em 1867, foi decidido reunir-se em Nápoles, a tão discutida ***Suprema Assembléia Central****, na qual os Planos finais poderiam ser combinados para uma completa UNIFICAÇÃO. Palermo proclamou que não tinha sido* *convocado e a seguinte Carta do Grão-Mestre foi completamente ignorada. Foi escrita de Florença, a Nova Capital Provisória da Itália:*

"FLORENÇA, 18 de maio de 1867.

Ao Supremo Conselho da Maçonaria, em Palermo.

Irmãos, como ainda não possuímos o país Patriarca, porque ***Roma*** *ainda não é nossa, da mesma forma não temos a Maçonaria, pois a mesma ainda está dividida.*

Se o velho Lobo da Diplomacia, de um lado, e a apatia das pessoas do outro, obstando-nos de ter ***Roma****, quem na Maçonaria ousaria obstar-nos de termos um Patriarca Maçônico, uma Roma moral, uma* ***Roma*** *Maçônica?*

Minha opinião é de que uma Maçonaria UNIFICADA seria, logo, acompanhada, por uma UNIDADE POLÍTICA, na Itália.

É, portanto, meu ardente desejo, que a Suprema Assembléia se realize, a qual se auto-declarará uma Suprema Assembléia Constituinte, da qual emergirá a UNIDADE MAÇÔNICA – A Maçonaria deve produzir aquele ***FASCIO ROMANO****, antigo símbolo da Unidade política romana (e foi de Fascio, também, que nasceu o Fascismo de Benito Mussolini, e que se misturou com a Social Democracia de Hitler, formando o Nazi-Fascismo, que quase destruíram o mundo), o qual, apesar dos vários esforços, não se tem podido obter, em Questões Políticas.*

Considero os Maçons a Elite da nossa Nação Italiana. Eles devem, portanto, colocar de lado as paixões profanas, criando a ***UNIDADE MORAL*** *da Nação, cientes da altaneira Missão que a Maçonaria lhes confiou.*

Ainda não temos a UNIDADE MATERIAL, porque nos falta a UNIDADE MORAL. Essa última, se a Maçonaria criar, a primeira seguir-se-á, imediatamente, Irmãos; nada mais a acrescentar. Vocês, filhos da terra das Lutas Sagradas e da Terra do Infortúnio (isto é, a Sicília), serão dignos de serem filhos do ***VESPERS"*** *(levante popular,* *siciliano, em 1832). Se vocês agregarem esse fato ao passado político, e às Glórias Patrióticas, obter-se-á o PILAR DA MORAL e da REVOLUÇÃO MAÇÔNICA.*

Vamos UNIFICAR, e seremos fortes para defender, do vício, com a virtude, do mal, com o bem; e a Terra Patriarca, e sua UNIDADE, ser-lhe-á grata.

Peço-lhes, portanto, cientificar todas as nossas Lojas, da presente Carta, desde que é a minha firme intenção, que elas sejam convidadas para nomear seus próprios Representantes para a Suprema Assembléia Geral, que se realizará em Nápoles, no Recinto da Grande Loja "Egéria", Rua Nilo, número 30, no dia 21 deste mês, em junho, na qual espero poder estar presente, como representante do Grande Oriente de Palermo.

Irmãos, abstenção significa ***inércia****; e* ***inércia*** *é MORTE. Faz-se urgente que as pessoas compreendam, umas às outras, e com a UNIDADE DE INTENÇÃO, nós temos a UNIDADE DE AÇÃO. Portanto, espero que ninguém esteja ausente.*

De todo o coração
Seu Irmão

G. Garibaldi, 33∴".

(**NOTA DO XICO:** eu tenho destacado a palavra UNIDADE, porque parece que ele era obcecado por ela, tantas vezes ele a repete.)

Em 10 de junho, de 1867, o Supremo Conselho e Grande Oriente enviou uma Carta ao Grão-Mestre, Garibaldi, mas essa Carta nunca foi encontrada. No Arquivo onde estão guardadas todas as correspondências por ele recebidas, ela não se encontra. Garibaldi deve, contudo, ter compreendido que a atitude do ***Supremo Conselho e Grande Oriente*** *foi precipitada e fez seu último esforço enviando-lhe seu Secretário particular, o Frade* ***Pantaleo****, para Palermo, como mensageiro de uma outra Carta.*

"Castelleti, 11 de junho de 1867.

Ao ***Supremo Conselho da Maçonaria****, em Palermo.*

Meus Irmãos, como pude eu absorver conselhos verossímeis de vocês, do Supremo Conselho de Palermo, cidade essa, a mim tão cara e amada, a quem devo obediência e o mais honrado Título de Irmão e Grão-Mestre? De vocês, que, com tanta perseverança e coragem, têm encarado a perseguição e o despotismo que disse minar e espalha os princípios santificados da justiça e consciência entre a humanidade oprimida e constrita?

A mais antiga das Sociedades Humanas, a Maçonaria; o Pilar inabalável do naufrágio humano, essencialmente civilizada, deve permitir a Humanidade a qual dirige – evoluir. Tudo tende a uma melhoria, neste século de Prodígios, no qual, eventualmente, os antagonismos dos povos mais distantes, e mais heterogêneos, desaparecerão. E por que deve a Maçonaria, ***Mãe do Progresso****, limitar-se, somente, ao seu sublime, porém, antiquado "SANTUÁRIO"* ***(LOJA)****, se conformando como há vinte séculos, a costumes incompatíveis com nossa era?*

Sendo ***guia e intérprete da sabedoria****, à qual o Grande Arquiteto do Universo cedeu a mais perfeita de suas Manifestações –* ***A MAÇONARIA****, ela deve impulsionar a Humanidade para a frente, com os seus Sábios Conselhos, e estabelecendo, ela mesma, como exemplo. Como exemplo o Grande Arquiteto do Universo, que significa a* ***"FRATERNIDADE UNIVERSAL DAS NAÇÕES"****, o Exemplo e o Ânimo, a Aplicação constante e heróica de todos os Princípios santificados, os quais a* ***MAÇONARIA*** *vem praticando, ao longo dos séculos, apesar da perseguição leiga.*

E por que nós moldamos nossa própria ***Itália****, através da* ***Fraternidade dos Povos****, conglomerando-os sob o glorioso* ***PAVILHÃO DA MAÇONARIA****, antecipando a* ***UNIDADE POLÍTICA*** *e formatando-a ao nosso modo de pensar?*

Esta é a idéia, meus Irmãos, de uma Suprema Assembléia Constituinte, de todas as Lojas de Nápoles, onde, a 21 deste mês, será possível a realização do que nos foi negado, até então, de uma ***FAMÍLIA MAÇÔNICA, ÚNICA, ITALIANA****, sem o detrimento dos atributos dos Ritos Individuais do Grande Oriente.*

Não tenho dúvidas que, em suas sábias deliberações, o ***Supremo Conselho de Palermo*** *contribuirá, em muito, para o País Patriarca, e pela Humanidade.*

Envio a vocês, minha tríplice Saudação, e um Abraço Fraternal,

O eternamente seu Irmão

G. Garibaldi, 33∴".

Nessa Carta evidencia-se, mais uma vez, que GARIBALDI via a Maçonaria como ponta de lança do progresso, e isso pressupõe um esforço conjunto, de todos os grupos (corpos) maçônicos. Contudo, em 17 de junho, o Supremo Conselho e Grande Oriente, de Palermo, respondeu, exteriorizando sua intenção de não participar da ***Suprema Assembléia****, de Nápoles. O conteúdo exato dessa Carta não se conhece, todavia, ficou claro que os Irmãos sicilianos não desejavam ser absorvidos pela propositora.*

A ASSEMBLÉIA de Nápoles ficou inconclusiva, particularmente, porque o Supremo Conselho e Grande Oriente, de Palermo, e Supremo Conselho de ***Turim*** *e a Grande Loja de Nápoles, não cooperaram.*

Garibaldi ficou sensivelmente desiludido, e publicou a seguinte Carta, no jornal siciliano ***"O PRECURSOR DO PALERMO"****, em sua edição de número 148:*

"Florença, 21 de setembro de 1867.

Declaro ser eu, ***Membro de uma Maçonaria Italiana, Única e Humanitária****, representada pelo Grande Oriente, com sede em Florença; uma vez que nós não temos ainda a nossa* ***Roma****, eleito na Suprema Assembléia, realizada no mês de junho, último, em Nápoles, na qual o* ***Espírito Universal da Maçonaria*** *deseja a* ***UNIFICAÇÃO FRATERNAL DE TODOS OS POVOS****, e não a* *contribuição dos GRUPOS AUTÔNOMOS, o que é RETRÓGRADO.*

G. Garibaldi, 33∴".

Uma vez mais houve grande consternação entre os Irmãos Sicilianos que, simplesmente, não entenderam a atitude de seu Grão-Mestre e escreveram o seguinte:

"Oriente de Palermo, 30 de setembro de 1867.

Ao mais poderoso Soberano Grande Comendador e Grão-Mestre, Giuseppe Garibaldi, 33∴.

*No periódico **"PRECURSOR DE PALERMO"**, na Edição de número 148, o qual enviamos incluso, há uma Carta, datada de Florença, 21 de setembro, assinada por Garibaldi, precedida de algumas observações do repórter.*

O Supremo Conselho e Grande Oriente da Itália, do qual vós sois Grão-Mestre, põe em dúvida a crença na autenticidade da mesma e questiona sua autenticidade.

Desde que essa informação é inevitável e vital para a nossa AUTORIDADE MAÇÔNICA, foi decidido fazer essa inquisição a vós, no entendimento de que, após 15 dias, da entrega desta Carta, não houver resposta, seu silêncio nos permitirá, ao referirmos à Carta, dado como de vossa autoria – ser Apócrifa.

Receba, o mais Alto Soberano Grão-Mestre, a Tríplice Saudação dos Membros do vosso Supremo Conselho.

O Grande Secretário VITO CITELLI, 33∴".

Não houve resposta e no dia 18 de julho de 1868, Palermo, a última tentativa, através de uma Carta, que foi-lhe entregue pelo mui conhecido Irmão Frederico Campanella:

"Palermo, 18 de junho de 1868.

General, a vós Homem Livre, escrevemos como Homens Livres, para que seja transportado até vós nossos sentimentos Honestos e Sinceros.

Aqueles que vos envia esta Carta, são os mesmos que o ***Elevaram*** *ao Grau 33 e o nomearam Grão-Mestre e Soberano Grande Comendador vitalício, do* ***Rito Escocês, Antigo e Aceito****.*

Esses homens já vos enviaram Cartas e Telegramas, para as quais não houve respostas.

Perdoai-nos as palavras duras, General Grão-Mestre, mas as mesmas fazem-se necessárias. Vós deveríeis ter respondido, ainda que as mesmas não contivessem palavras de cortesia. Quando Mazzini, que é tão grande quanto vós, ouviu de nós, durante nosso Banquete Maçônico, que tínhamos aplaudido vossa Missão, ele respondeu com uma longa carta, que nos confortou; mas vós, a quem sempre aplaudimos, simplesmente guardou silêncio.

Esse seu silêncio obstinado, faz-nos crer que fomos malogrados por um homem falso. Sentimo-nos agravados, não por causa do libelo, mas por causa de ter-se permitido impressioná-lo.

General, vós, homem de grande e bom coração, não deveis ter acreditado nas assertivas de outros; vós devíeis ter questionado a nós, homens honestos e independentes, e deveríeis, também, antes de qualquer julgamento, para que se culpabilize o ***Supremo Conselho****, faz-se necessário que haja provas, e não somente acusações.*

Ouça, General, aqueles que, abaixo assinaram, nunca foram espiões. Nunca pensaram em devassar seus próximos e se apropriarem do erário público. Nunca procuraram obter favores dos poderosos deste mundo, e nunca subiram ou desceram escadarias de Ministérios Públicos, Prefeituras, ou Delegacias de Polícia. Em outras palavras, são homens honestos e, certamente, seus Inimigos não teriam a imprudência de conceber ou questionar o contrário, o Público os repudiaria.

Ó, General! Vós fostes enganado, e o que nos surpreende mais, é que vós obstinadamente permitistes em ser enganado; contudo, estes fatos devem ter feito com que vós mudásseis de idéia.

Vós, realmente críeis que nós, independente e

democraticamente puros, nos permitiríamos ser absorvidos pela Maçonaria Italiana?

*E não sois vós, o homem que, repetida e explicitamente, declarou que a Sede do Supremo devia permanecer em **Palermo**, até que Roma se torne a Capital da Itália?*

Nós desobedecemos seu pedido para atender a Nápoles, por amor de nós, mesmos, e a sua dignidade, porque não seria uma ação de um homem forte, seguro de seus direitos, falar e voltar atrás, em suas palavras.

Estamos certos de que muitas coisas sérias devem ter acontecido, e seu incomensurável silêncio prova isso.

Talvez que, ao invés de dizer que todos os Membros do Supremo Conselho, ou alguns deles, são larápios, ladrões, pessoas sem princípios, e sem vontade, eles vos disseram que são clérigos, reacionários, autonomistas? Mas isso não faz sentido, General.

Um Maçom clérigo? Vós podeis descrever que o Supremo Conselho, sendo clérigo, após o anátema posto contra, por Pio IX, em seu Decreto, o qual o desmascarou ante o mundo maçônico? Retrógrados, nós que somos homens progressistas e que temos trabalhado incansavelmente pelo progresso? Os Atos do Supremo Conselho não demonstram isso?

*Autonomistas! Porém Autonomistas, não teriam escolhido a vós, como Grão-Mestre. Aqueles que desejam conservar **Garibaldi** como Grão-Mestre, devem ser, principalmente, **UNITÁRIOS**.*

*Os Regionalistas **Unitários** são os verdadeiros amigos da Itália, pois eles não querem que o descontentamento, o ódio, se multipliquem, se o regionalismo é crime, escreva para o **Mazzini** e **Cattanco**, e a qualquer dos antigos italianos.*

Escrevemos estas linhas, porque vós mantivestes a mesma opinião, e porque nós estamos convencidos de que vós fostes enganados. No futuro, cuidado com aqueles que se vestem com pele de cordeiro, que possuem o veneno mais perigoso do que o da cascavel.

General, até agora, o temos considerado como nosso Grão-Mestre, e seria um grande prazer para nós, se pudéssemos ter certeza de que os rumores espalhados acerca de vós, não são verdadeiros; reciprocamente, seria para nós motivo de grande tristeza, se tivéssemos certos de que vós, sem razão, tivesse violado os juramentos que vós, solene e voluntariamente, proferistes.

Porém, é necessário agora, que os problemas sejam resolvidos, e os equívocos sanados.

General, pedimos a vós uma Declaração explícita. Nós, nunca, a nenhum curso, ou em qualquer circunstância, pensamos em vos substituir, no Cargo de Grão-Mestre. Se, contudo, vós tiverdes, voluntariamente, abandonado a Presidência deste ***Supremo Conselho****, faça de forma franca, de maneira que nós possamos nomear um outro alguém.*

Qualquer que seja vossa decisão, vos seremos sempre fiéis e vós jamais esquecereis que na Vila do Príncipe Belmonte, nós bebemos no mesmo cálice.

(assinaturas dos Membros do Supremo Conselho)"

A resposta foi muito breve, e sem nenhuma figura de Retórica. Foi curta e seca.

"Caprera, 7 de julho de 1868.
Ao Supremo Conselho de ***Palermo****.*
Sem abandonar minha condição de Maçom, renuncio ao meu direito, a qualquer Grau, ou Título, a mim conferido pelo ***Supremo Conselho de Palermo****, com grande estima.*

Giuseppe Garibaldi"

E esse foi o final da carreira de Giuseppe, como Grão-Mestre. Todavia, ele continuou sendo o ***Primeiro Maçom****, e Grão-Mestre, de Honra, do Grande Oriente de Florença (que, depois de 1870, transferiu-se para* ***Roma****), que rapidamente se transformou na maior corporação maçônica* *da Itália. Ele nunca mais se interessou pelos Trabalhos Maçônicos, em Loja, e nunca mais ele foi Membro de nenhuma Loja Particular.*

Em 1872, John Yazker o nomeou Membro de Honra, do recém-fundado ***"SANTUÁRIO DO RITO DE MÊNPHIS"****, na Inglaterra. Em 1876, o* ***Grande Oriente Nacional do Egito (RITO DE MÊNPHIS)*** *conferiu-lhe, também, o Título de Grão-Mestre de Honra Vitalício. E, finalmente, em 1881, até mesmo, tornou-se GRANDE HIEROPHANT daquele Rito (nos Estados Unidos da América do Norte, Inglaterra, Itália), porém, ele, com certeza, nunca demonstrou interesse particular nessa Honra, considerada muito insignificante.*

Até sua morte, em 1882, Garibaldi continuou a propagar a necessidade de uma ***Itália Unida****, mesmo depois de 1870, quando, com a ocupação de Roma e dos Territórios papalinos isso foi, politicamente, realizado. Ele nunca entendeu que são necessários séculos para que se crie uma Nação.*

A seguir, veremos uma Carta, dentre as várias que ele escreveu sobre a Matéria.

"Roma, 3 de novembro de 1871.

Meu caro FADIGATI, diga aos nossos Irmãos de Casalmaggiore, que discordo; e que o Clero tem sido a desgraça da Itália, e que o resultado é a demora que está acontecendo na reconstrução e reconstituir-se como Estado. Recomendo, portanto, simplesmente, Harmonia.

Sempre a vosso dispor.

Giuseppe Garibaldi".

(Publicado com cortês permissão do **W.** *Irmão Giovanni Palmieri Rapallo)*

∴

Por ocasião de um jantar após uma reunião da Loja "Quatuor Coronati", no Cerimonial da Torrada com o Venerável Mestre, foi proposta uma saúde pelo Venerável Irmão John Webb, nos seguintes termos:

"Meus Irmãos, nesta noite fomos privilegiados pelo fato de estarmos presente a esta maravilhosa cerimônia de Instalação, realizada pelo Mestre, imediatamente superior, Respeitável Mestre, Irmão Lionel Brett, que, infelizmente, teve que ir para casa, por problemas de saúde. Sou, portanto, privilegiado por estar apto a substituí-lo para brindar à saúde de nosso mais novo Mestre – o Venerável Irmão Edward Stopler.

Posso dizer que sou duplamente privilegiado, em possuir as anotações preparadas pelo Irm∴ Secretário, que parecem formidáveis; portanto, não as lerei, todavia, doume conta de que, no Irm∴ STOPLER, nós temos um elemento extraordinário.

Sua experiência, nos anos de Guerra, nos quais perdeu seu pai, morto pelos assassinos comandados por HITLER, devido sua filiação à Maçonaria, mostra o quanto ele viajou, antes de se encontrar com sua esposa e se estabelecer na Itália, onde ele reside até hoje.

Lá, ele encontrou o nosso distinto hóspede, nesta noite – o Grão-Mestre do Grande Oriente da Itália.

Irmãos, quando encontro 120 Irmãos da Itália, que têm honrado nosso Mestre da Loja, vindo ao Cerimonial de sua Posse, imagino que possa haver outro motivo, conhecendo o amor que o italiano sente pelo Futebol; perguntamos a nós mesmos, estarão eles aqui para comprar nossos jogadores ingleses? Eu decidi que não poderia ser isso. Todavia, não se preocupem:

Como a velha Fênix, ascenderemos novamente e, então, o melhor time ganhará a próxima Copa do Mundo.

E falando em Copa do Mundo, com o Irm∴ STOPLER, como nosso Mestre da Loja "Quatuor Coronati", e seus auxiliares, nomeados por ele; de que poderemos desejar-lhe um feliz Ano Novo, como Mestre da Loja "Quatuor Coronati", a de número 2076".

CONCLUSÕES

Em primeiro lugar, gostaria de penitenciar-me perante os Irmãos, aos quais venho, através de toda essa minha jornada maçônica, que já caminha para 37 anos, acreditando e, passando à frente, uma meia verdade sobre o Irm∴ **Giuseppe Garibaldi**. A primeira matéria que li sobre a **"Carbonária"** ou **"Maçonaria Florestal"**, ou **"Sociedade dos Carvoeiros de Hanover"**, foi no livro **"NOS BASTIDORES DO MISTÉRIO"**, do Irm∴ ADELINO DE FIGUEIREDO LIMA, publicado em 1953 (é bom esclarecer aqui, como esse livro foi publicado, antes, em **Colunas**, do jornal profano, do Rio de Janeiro, o "DIÁRIO DA NOITE", terminada em 4 de julho de 1953), que li, um ano antes de ser Iniciado na Maçonaria. Ali mostrava um José Garibaldi, valente Carbonário, formando o "TRIUNVIRATO DA CARBONÁRIA ITALIANA", ou seja, da "JOVEM ITÁLIA", juntamente com os outros dois Maçons, GIUSEPPE MAZZINI e o CONDE BENZO DI CAVOUR. E isso, talvez, tenha me levado a ver **Garibaldi**, sempre, como Carbonário, e nunca como um grande Maçom.

E como tal, eu já escrevi, e já ensinei. Inclusive, fiz injustiça com a Igreja de Roma, e com o **Papa Pio IX**, afirmando que a MAÇONARIA entrou na História da **UNIFICAÇÃO DA ITÁLIA**, como Pilatos, no **CREDO**. Eu estava errado. O Papa Pio IX tinha razão em condenar tanto a Maçonaria. Pois foi ela, muito mais que a CARBONÁRIA, a responsável pelo seu fracasso, pela sua derrota política; daí, talvez, a enxurrada (mais de 600) de Documentos, assinados por ele, contra a Ordem Maçônica, e seus afilhados, como podemos ver nesse texto, acima, do Irm∴ Ven∴ da Loja "Quatuor Coronati", de Londres (1989-90), **E. E. STOPLER**, publicado no AQC nº 102, pág. 1, em 1989.

NOTAS

1 – CARBONÁRIO

Membro de uma Sociedade, originária de Hanover, na Alemanha, com o nome de "Associação de Carvoeiros de Hanover". Se **Pedreiro**, em francês, é **Maçom**, **Carvoeiro**, em italiano, é **Carbonário**.

Essa **Sociedade**, com o passar do tempo, devido os seus Membros fazerem Reuniões sigilosas, na floresta, e usar algumas **Palavras de Passe**, passou a ser chamada de **MAÇONARIA FLORESTAL**; mais tarde, apenas de CARBONÁRIA. De um Grêmio (Sindicato) de Carvoeiros, evoluiu para uma **Sociedade Política e Justiceira, Secreta**.

Seu braço político e justiceiro foi entregue a uma Organização, dentro da Organização que levava o nome de **JOVEM** + o nome do país, onde ela estava instalada.

As mais faladas, mais conhecidas pela sua participação política e justiceira, foram – **A JOVEM PORTUGAL E A JOVEM ITÁLIA**, esta mais que a outra.

Sua organização consistia de um esquema parecido com o da Maçonaria: BARRACA, CHOÇA, ALTA VENDA E JOVEM +...

Seus Membros eram chamados de – **"BONS PRIMOS", ou B∴ P∴.**

Sua JOVEM..., era composta e dirigida por um **TRIUNVIRATO**.

Os carbonários, antes de Ingressarem na Ordem, passavam por Provas terríveis e prestavam os mais inusitados juramentos, assinados com o próprio sangue.

Juro, perante esta Assembléia de Homens Livres, que cumprirei as ***Ordens*** *que* ***receber****, sem as discutir e sem hesitar, oferecendo o meu sangue em holocausto à libertação da Pátria, à destruição do inimigo e à felicidade do povo. Se faltar a esse Juramento, ou trair os desígnios da poderosa Maçonaria Florestal, que a língua me seja arrancada e o meu corpo submetido ao fogo lento, por não ter sabido honrar a Pátria que foi o meu berço.*

Só depois desse **Juramento**, é que o CANDIDATO recebia as suas Insígnias e o **"BOM PRIMO"**, e se tornava um CARBONÁRIO ou um fiel executor das determinações da **"ALTA VENDA"**.

2 – LÍBERO BADARÓ

Líbero Badaró, tão citado por uma frase atribuída a ele, quando estava sendo vítima de um assassinato – **"MORRE UM LIBERAL, MAS NÃO MORRE A LIBERDADE**, não foi Maçom.

Foi um médico italiano, Jornalista e Político, no Brasil.

Ele nasceu na Itália, em Laigneglia, em 1798, e morreu assassinado em São Paulo, em 1830.

Ele não foi Maçom, e como em 1822 já estava no Brasil, também não foi CARBONÁRIO. Mas, há Ruas, Avenidas e Lojas Maçônicas, com o nome de LÍBERO BADARÓ.

Seu nome completo era **JOÃO BATISTA LÍBERO BADARÓ**. Ele foi assassinado por inimigos políticos que ele, como bom jornalista, fez, durante uma Passeata promovida pelos estudantes do Curso Jurídico, do Largo de São Francisco, São Paulo, em comemoração da vitória da Revolução de 1830, de Paris.

Sua morte precipitou a Abdicação de D. Pedro I.

3 – O CHALAÇA

Que grande ironia. **Líbero Badaró**, que poderia ser considerado como **UM MAÇOM SEM AVENTAL**, e o **CHALAÇA**, que foi um alcoviteiro de D. Pedro I, nosso 2º Grão-Mestre, era Maçom. Mas, também, com justiça, não há nenhuma Loja Maçônica com seu nome.

Nós temos, por tradição, o hábito de esconder que determinados elementos, não muito recomendáveis, tenham sido Iniciados na Maçonaria.

O Irm∴ **Francisco Gomes da Silva**, **"O CHALAÇA"**, nasceu em Lisboa, em 20 de setembro de 1791. Segundo o Irm∴ Kurt Prober, quando da fundação do Grande Oriente do Brasil, em 17 de junho de 1822, ele já devia ter sido Iniciado; pois na 5ª Sessão, realizada em 12 de julho de 1822, foi lido um Ofício da Loja "UNIÃO E TRANQÜILIDADE" - **PROPONDO A SUA FILIAÇÃO AO QUADRO**. Mas a **Grande Loja** (corpo administrativo do **GRANDE ORIENTE**) negou **Sua FILIAÇÃO**, pela *"impossibilidade física, do mesmo, de comparecer aos nossos Trabalhos, e ajudarnos, em **NOSSA CAUSA**"*.

4 - PADRE REGENTE FEIJÓ

O Padre **Diogo Antonio Feijó**, filho de pais ignorados, pois foi deixado, ao nascer, na **Roda**, ou **Exposto**, na porta da casa do Reverendo FERNANDO LOPES CAMARGO, que residia à Rua da Freira, em São Paulo, foi batizado na Catedral da Sé, em 17 de agosto de 1784.

O Padre Diogo Antonio Feijó foi Iniciado na Loja **"AMIZADE"**, do Oriente da Capital, em 1833, onde chegou ao Grau 18 - **CAVALEIRO ROSA-CRUZ**.

Alguns biógrafos o colocaram no Grau 33, mas isso não aconteceu. Só chegou ao Grau 18, e a 2º Vigilante de sua Loja-Mãe. Morreu esquecido de todos - Maçons e Políticos, em 9 de novembro de 1843.

Se FEIJÓ foi Iniciado na Maçonaria, em 1833, isto é, com a idade de 52 anos, só foi Maçom por 10 anos, quando estava em pleno vigor político. E a política não permitiu que ele fosse um grande Maçom. Sua história profana é muito agitada e muito profícua - todos já a conhecem, por isso não vou resumi-la aqui.

Sobre o Padre Regente Diogo Antonio Feijó, estaremos apresentando um relato mais completo, no 2º volume da nossa **"Enciclopédia Ilustrada de Termos e Temas Maçônicos"**, Xico Trolha, que estará sendo publicada dentro de pouco tempo.

5 - GUELFOS E GIBELINOS

Os **GUELFOS** e os **GIBELINOS**, segundo a **Enciclopédia Larousse Cultural**, foram dois Grupos políticos antagônicos, que floresceram nos séculos XIII e XIV, na Itália. Foram duas facções políticas que se opuseram, na Itália. Seus nomes originaram-se de duas famílias alemãs, rivais, as dos **WELFS**, da **Casa de Suábia** e a dos **Hohenstaufen**, Senhores de **Waiblingen** (próximo de Stuttgart), que disputaram o Trono Imperial, a partir do ano 1125. Essas denominações apareceram em Florença, em 1215, para designar os partidários dos **BUONDELMONTI**, que apoiavam o Imperador, da família WELF – **OTO IV, de BRUNSWICK** (aliada do Papa) e os **AMIDEI**, aliados a Frederico II, HOHENSTAUFEN.

GUELFO e **GIBELINOS** confrontaram-se em Florença, e depois na maior parte das cidades da Itália, onde os **Gibelinos** tomaram o partido do Imperador, em luta contra o Papa. Os partidários do Papa, que se ligavam à memória de OTO IV, denominaram-se **GUELFOS**. Essa disputa, durou até o século VI. O Irm∴ Adelino de Figueiredo Lima dá como verdade (mas sem citar fontes) que lá pelos anos de 1500, faziam parte do Grupo de **GIBELINOS**, os nomes famosos de **LEONARDO DA VINCI, AMÉRICO VESPUCCI, PAULO TOSCANELLI** e **BENEVENUTO CELINI** que, juntos, fundaram uma "Academia de Ciências", mas que tiveram que fechar e fugir, devido a fúria do Papa.

6 – ALEXANDRE DUMAS (PAI)

O começo do século XIX foi rico em produzir grandes vultos, grandes homens. Em 26 de fevereiro de 1803, nascia VICTOR-MARIE HUGO, em Besançon, na França.

Em 1802, ainda, nasce em VILLERS-COTTERÊTS, na França, Alexandre Dumas (Pai). E em 4 de julho, de 1807, nasce, em Nice, na Itália, o Herói Giuseppe Garibaldi. Só citei esses três, porque os mesmos tinham um laço comum – eram amigos, e foram Iniciados na Maçonaria.

Dos três, Dumas foi o que morreu mais jovem, em 1870, com 68 anos. Garibaldi, morreu em 1882, com 75 anos e Victor Hugo, morreu em 1885, com 83 anos. Só esses três vultos já seriam o suficiente para imortalizar o século XIX.

Nós, logo estaremos completando uma pequena Biografia Maçônica, mais completa, de Alexandre Dumas (Pai).

Dumas foi compadre de Victor Hugo, e companheiro de Giuseppe Garibaldi, do qual recebeu os seus Diários de Campanha, para transformá-lo em livro. E ele assim o fez, publicando-o, com o nome "MEMÓRIAS". Quando do Centenário de nascimento de Garibaldi, em 1907, para se festejar condignamente, traduziram e publicaram esse livro.

Isso aconteceu na cidade gaúcha de Rio Grande. Eu possuo em minha Biblioteca um volume dessa obra.

7 – CONDE BENZO CAVOUR

Camilo Benzo Cavour nasceu em Turim, em 1810, e morreu na cidade em que nasceu, em 1861, com apenas 51 anos de idade. Não teve a felicidade de ver a sua bela Itália, UNIFICADA, como seus dois outros Companheiros – MAZZINI e GARIBALDI.

Está surgindo a dúvida de que Cavour tenha sido Maçom. Que ele foi **Carbonário**, não há dúvida, embora exista Loja Maçônica, na Itália, que o homenageia dando seu nome, como Título Distintivo, como é o caso da Loja **"Cavour"**, de Turim, fundada em 17 de outubro de 1861 – ele morreu nesse ano – e foi regularizada em 23 de agosto de 1865. Dificilmente a Maçonaria se interessaria tanto por um não-Maçom.

Estaremos, também, em breve, compilando uma pequena Biografia desse Carbonário, que deixou seu nome na História da **"UNIFICAÇÃO DA ITÁLIA"**.

8 – GIUSEPPE MAZZINI

O Pátrio e Libertador Italiano, Giuseppe Mazzini, nasceu em Gênova, Itália, em 1805.

Sobre sua atividade maçônica, consta em Documento que ele foi Iniciado em 1830, antes de Ingressar na Carbonária.

Em 1849, enquanto Garibaldi estava retornando à Itália, vindo do Uruguai, ele também chegava à Itália, vindo do exílio, de Marselha. E retornando à Itália foi eleito Grão-Mestre. E tudo indica que foi um bom Grão-Mestre, pois seus Irmãos italianos mandaram esculpir uma estátua sua, para a posteridade, sob a égide do Grão-Mestre, **Ectori Ferrari**.

Várias Lojas da Itália têm o nome Giuseppe Mazzini como Título Distintivo.

Para não encomprider muito, estas nossas **NOTAS**, vamos parando por aqui, para não ocupar muito espaço.

9 – A "EUROPA UNIDA"

A **"UNIFICAÇÃO DA ITÁLIA"** e a **"EUROPA UNIDA"**, os dois sonhos que povoaram a Fonte do Grande General Garibaldi, durante quase toda sua vida. Seus **sonhos**, embora quase visionários, em seu tempo, acabaram sendo realizados. A **Unificação da Itália**, Garibaldi teve a alegria de assistir e comemorar. E a Unificação da Europa, hoje, é sonho realizado.

Hoje, com a **"EUROPA UNIFICADA"**, o **eurodólar** como uma moeda **ÚNICA** para toda a Europa, é de se cogitar de dar, em nossa mídia, em nossos estudos, em nossas Lojas, o nome de Garibaldi precisa ser lembrado. Aí vem o ano de 2007; vamos nos preparar para uma boa homenagem aos 200 anos de GIUSEPPE GARIBALDI.

10 – UM TRIBUNAL INTERNACIONAL

Se não em TRIBUNAL INTERNACIONAL, como desejava Garibaldi,

todavia, com as mesmas e outras finalidades, surgiram a Corte Internacional de HAIA, de 1899 e 1907, que instituíram a "CORTE PERMANENTE DE ARBITRAGEM".

Em 1945, foi instituído o "TRIBUNAL DE NUREMBERG", onde foram julgados os assassinos da 2ª Grande Guerra Mundial.

Com a criação da "ORGANIZAÇÃO DAS NAÇÕES UNIDAS (ONU), dentro da qual se criou a "CORTE INTERNACIONAL DE JUSTIÇA", que preenche e realiza os sonhos de Giuseppe Garibaldi – de UM TRIBUNAL INTERNACIONAL.

11 – A GUERRA AMERICANA DE SECESSÃO

Entre 1860-1865, irrompeu a Guerra Civil Separatista, Americana. Foi durante o Governo de Abrahão Lincoln – entre o Norte e o Sul, dos Estados Unidos da América do Norte. Se é fato que Lincoln o convidou para comandar as forças do Norte, essa passagem de sua vida de Guerreiro enriquece, em muito, o seu currículo de Herói.

É bom avisar, esclarecer mais uma vez – Lincoln não foi Maçom, ao contrário do que muitos dos nossos Escritores afirmam e escrevem.

12 – SAMUEL COLT

Samuel Colt nasceu em 19 de julho de 1814, em Hartford, CONNECTICUT, nos Estados Unidos. Em 1829, ele internacionalizou seu nome (Dr. Colt), ao inventar um novo modelo para a Arma de Fogo, chamada Revólver, que levou o seu nome.

Samuel Colt foi Maçom, Iniciado na Loja de "São João nº 4", e Membro do Capítulo Pitágoras, nº 17, e do Capítulo **Washington, Commandadory, nº 1**. Isso prova que, além de tudo, Colt foi um bom Maçom, consciente de seus deveres para com a Ordem. O que nem sempre acontece com os nossos ocupadíssimos Irmãos.

13 – AMÉRICA DO SUL (BRASIL)

Em 1834, após o fracasso, Garibaldi foge para a América do Sul, em 5 de fevereiro, no navio **"NAUTONNIER"**, que vinha para o Rio de Janeiro, ou no Rio da Prata (Argentina e Uruguai). No Rio de Janeiro, Garibaldi se sente um inútil. E ele escreve a um amigo, em Montevidéu:

Cuneo,

De mim, te digo, que sou pouco feliz, que me faz bem mais falta a Tempestade, do que a calma. Estou cansado, por Deus, de arrastar uma existência tão inútil para a nossa terra. Estamos fora do nosso elemento. Podes ter a certeza, porém, de que somos destinados a coisas maiores.

Depois de ajudar na fuga de Bento Gonçalves, da Fortaleza do Mar, na Bahia, Garibaldi vai com seu barco até MADONALDO, noUruguai; depois ele retorna ao Brasil, e junta-se às Forças Farroupilhas, comandado por Bento Gonçalves; todavia, antes, ele organizou e fez parte de um Comércio Costeiro.

14 – O COMÉRCIO COSTEIRO

Esse Comércio Costeiro só serviu-lhe, mesmo, para conhecimento dos Mares da Costa Brasileira, o que o ajudaria na fuga de Bento Gonçalves. Como ele mesmo diz em seu Diário, essa não era sua vocação. Era apenas um paliativo, enquanto não lhes surgiam emoções mais fortes. É, então, que surgem Bento Gonçalves e Zambeccari em seu caminho.

15 – "DONATIVOS PARTICULARES"

Para sustentar grandes tropas, bem alimentadas, bem armadas, bem vestidas, demanda muito dinheiro e isso Garibaldi não tinha. Consta que os Donativos Particulares, que ele recebia, davam para garantir essa sustentação. Ninguém acreditava muito nisso. Hoje já se tem uma visão mais clara sobre os Donativos.

Na Nota nº 28, estaremos dando maiores esclarecimentos.

16 – ITÁLIA E RÚSSIA

Quanto mais se aprofunda na vida desse Herói, mais vai se tomando conhecimento do que ele representou para os Homens que lutaram a seu lado, e para os países onde ele combateu. Entre eles: Brasil, Itália, França, Uruguai, Rússia, Áustria, onde ele deixou sua marca, um rastro de coragem e heroísmo.

Quando ele chegou, Napoleão tinha acabado de deixar o Palco da Luta Armada. Até parece que ele apanhou do chão de Waterloo o **Cetro**, derrubado por Napoleão Bonaparte e o valorizou ainda mais. Napoleão derrotou Altares e Tronos; Garibaldi **Unificou** sua amada Itália, lutando contra o **Trono** e os **Altares**. E não foi só isso que esses dois **Vultos Enormes**, que projetaram suas Sombras até nós – tinham, também, ao lado de seus passos, os passos da Maçonaria.

17 – BENZO CAVOUR, MAÇOM?

Na Nota nº 7, nós já levantamos algumas dúvidas sobre os Comentários feitos pelo Pesquisador e Venerável da Loja "QUATUOR CORONATI" – STOPLER.

A **"ENCYCLOPÉDIE DE LA FRANC-MAÇONNERIE"**, publicada recentemente (2000), por uma Editora Francesa, coloca Cavour no **Panteón** da Maçonaria. **STOPLER** fez suas pesquisas antes de 1988; daí a possibilidade dos **Enciclopedistas Modernos** terem acesso a Documentos que **Stopler** não conseguiu localizar.

18 – GRANDE LOJA E GRANDE ORIENTE

A Primeira Entidade Maçônica, de cunho Administrativo, que se organizou, no mundo (Londres), recebeu o Título Distintivo de **"GRANDE LOJA"**. No mundo latino, liderado pela França, talvez, devido às grandes diferenças políticas existentes entre esses dois grandes países, para ser diferente – adotou o nome de **"GRANDE ORIENTE"**, para o **Órgão Administrativo** da Maçonaria.

E tanto a França, como a Itália, Brasil etc., estabeleceram que o nome do Conselho Administrativo, do Grande Oriente, será GRANDE LOJA, nada tendo a ver com a **Instituição Maçônica** denominada **Grande Loja**, daí ter surgido muitos enganos e muitas controvérsias. Todavia, não é difícil de superar os dois Sistemas de Administrar um Povo Maçônico. Seu sistema de Governo é bem distinto.

19 – GRANDE ASSEMBLÉIA

A **GRANDE ASSEMBLÉIA**, a qual Garibaldi evoluiu para **O Grande Conselho da Ordem**, que hoje é praticado nos Grandes Orientes; já nas Grandes Lojas, começou com o nome de Mesas-Redondas, derivado das Reuniões (Semestrais) do Povo Maçônico, passando agora, aqui no Brasil, Reuniões Anuais da Confederação da Maçonaria Simbólica.

E foi numa Grande ou Suprema Assembléia, que **Garibaldi** encontrou sua maior **Derrota**. Não conseguiu fazer com que seus Irmãos, em Maçonaria, fechassem com ele, no trabalho de fazer a **Unificação** da Itália. Se ele não conseguiu **Unificar** a Maçonaria Italiana, como conseguiria **Unificar** a Itália?

O certo é que ele **Unificou** a Itália, mas não **Unificou** a Maçonaria.

20/21 – FLORENÇA E TURIM

Essas duas cidades italianas marcaram a História da Maçonaria na Itália. As duas primeiras Lojas foram fundadas nessas localidades, há mais de um século desses acontecimentos (1733), trazidas pelos Diplomatas Ingleses, através de suas Embaixadas, localizadas nessas duas cidades.

Sendo a Maçonaria Inglesa muito ligada à Igreja Anglicana; e sendo a cidade de Florença uma espécie de Burgo dos Médices, dos Papas, o resultado veio poucos anos depois (23/4/1738), através da **Encíclica IN EMINENTI**, condenando a Maçonaria.

O Irm∴ E. E. STOPLER, o mesmo autor da Pesquisa sobre Garibaldi, fez, também, uma pesquisa sobre a Maçonaria em Nápoles, em 1979, e publicado pela **"Quatuor Coronati"**, no volume 93, ano 1980-1981.

O outro Trabalho, é sobre a Maçonaria, em Florença, entre 1732-1738 (ano da Encíclica Papal). Isso foi, como se diz na gíria – "cutucar a onça com vara curta".

22 – JOSEPH CERNEAU

Quando os Irmãos da Carolina do Sul, nos Estados Unidos da América do Norte, fundaram o Primeiro Supremo Conselho Mãe-do-Mundo, na cidade de Charleston, era o Primeiro mesmo. Não havia outro.

Mas isso despertou, insuflou algumas mentes. E uma delas foi a do Maçom JOSEPH **CERNEAU** que, no dizer de Alex **Mellor**, era um indivíduo estranho, e discutido, de nacionalidade francesa, que se estabelecera em São Domingos, depois nas Antilhas Espanholas, onde foi para Nova York, onde, em 1806, ele começa a trabalhar na criação de um **Supremo Conselho**, para a Região Norte dos Estados Unidos. Dando origem ao **2º Supremo Conselho**, nos Estados Unidos.

23 – GARIBALDI & ANITA

Sobre Garibaldi e Anita, há muita coisa escrita. Eles formaram um casal 20 – no século XIX, demonstrando Companheirismo, Amor e Coragem. Tempos mais tarde, nós tivemos outro casal 20 – Luis Carlos Prestes e Olga Benário, que dedicaram a vida ao ideal que os unia.

Garibaldi rouba Anita, pacata cidadã, de Laguna, casada, e se casa, novamente, no Uruguai, sob a proteção, não da Maçonaria do Uruguai, mas de seus Maçons. Isso, em 1842.

E o mundo, pasmado, viu a metamorfose de uma mulher-menina, que se casara, num casamento arranjado pelo pai, quando tinha somente 15 anos. Não havia amor, não havia clima, não havia nada.

E aquela menina, submissa, sem amor, sem horizonte e sem futuro, de uma hora para outra vibra, cresce e desabrocha ao lado do Aventureiro Italiano, e se transforma na maior Heroína do Brasil – a **"HEROÍNA GUERREIRA DE DOIS MUNDOS"**.

24 – SÃO JOÃO DA ESCÓCIA

O não-conhecimento da História levou muitos escritores a cometer erros avassaladores. É bem verdade que não havia muitas Lojas de Pesquisas – fontes primárias para se estudar. Havia, sim, um cipoal de relatos "históricos" que, de história, mesmo, não possuía nada.

Em 325, aconteceu o Primeiro Concílio da Igreja Católica, convocado pelo Rei Constantino. Nesse Concílio, houve duas coisas importantes, muito importantes. Uma boa e uma ruim. A boa é que cancelou-se todas as proibições e perseguições ao Cristianismo, transformando-o em Religião do Estado. A segunda, é que castram Cristo, transformando-o num **curandeiro loiro**, de olhos azuis, mas sem nenhuma afinidade com o Cristo Rebelde, antiimperialista, que morrera, crucificado, 325 anos antes.

Com a amizade entre o Estado e o Cristianismo, logo, em seguida, alguns Cristãos Ocidentais começaram a se dirigir rumo à **Terra Santa** – a velha Palestina, onde Cristo vivera e pregara sua religião, e onde morrera, por ela, também. Para quem vinha do Ocidente, era um lugar inóspito, sem nenhuma segurança. E muitos peregrinos não voltaram. Ficaram, de vez, na Terra Santa, sepultados para sempre, vítimas de doenças ou assaltantes.

Lá pelo século VI, Roma criou uma Ordem Religiosa, com o nome de **"ORDEM DO HOSPITAL DE SÃO JOÃO BATISTA"**, para que se instalasse em Jerusalém, para **"abrigar, curar e proteger os peregrinos cristãos que para lá se dirigiam"**.

Como essa Ordem foi, primeiramente, Instalada em Jerusalém, passou a ser citada como "ORDEM DO HOSPITAL DE SÃO JOÃO BATISTA DE JERUSALÉM". Com o passar dos anos esse título quilométrico começou a encolher: **"ORDEM DO HOSPITAL DE SÃO JOÃO DE JERUSALÉM"**; tiraram, suprimiram o Batista, e criaram o São João de Jerusalém.

Essa mesma Ordem foi Instalada na Escócia, e o São João Batista passou a ser o **"SÃO JOÃO DA ESCÓCIA"**, **"São João da Inglaterra"**. E todos esses "Joãos" se resumem num só, o **Batista**, aquele que anunciava a vinda de Cristo.

O resto é perfumaria.

25 – RITO ESCOCÊS RETIFICADO

O **Rito Escocês Retificado** é o que restou do Rito Alemão – **"Rito da Estrita Observância"**, que dominou as lides maçônicas da Europa, entre os anos de 1745-1782. Hoje praticado na França, e em alguns países da Europa.

É um Rito Cristão – só aceita Cristão, nenhuma outra religião. Talvez, por isso, é um Rito pouco praticado, ainda na França, onde predomina o magistral Princípio – **"LIBERDADE ABSOLUTA DE CONSCIÊNCIA"**.

Se se quiser gozar a Absoluta Liberdade de Consciência, não pode ser enquadrado no Ergástulo estreito de uma religião. Ainda mais daquela que sempre nos condenou com veemência e sem nenhuma consideração.

O Rito sueco, também, segue esse esquema. Não aceita judeus, muçulmanos, budistas e "quetais". E isso desfigura aquele conceito que nos ensinaram:

A Maçonaria prega a Liberdade, Política Religiosa e de Pensamento.

26 – UM FATOR DE LUTA PELA LIBERDADE

Parece-me que **Garibaldi** embarcou numa canoa furada, da propaganda enganosa. Eu também embarquei nessa mesma canoa.

Embora a **Liberdade** seja, realmente, a meta de todos os homens; ou, pelo menos, devia ser; sem a necessidade de os mesmos serem Maçons.

Um bom número de Irmãos, de Dirigentes Maçons, aplaude e enaltece Ditadores e Ditaduras. Alguns foram Ditadores, como Somoza e Pinochet.

E há, aqueles, também, que, por falta de instrução maçônica, acreditam que isso faz parte da Política; e que política não pode ser misturada com Maçonaria. Acontece que esqueceram de dizer-lhes que a Maçonaria é uma Força Política. Ela, a Maçonaria, tanto é uma força política, que o caso **Morgan**, nos Estados Unidos, provocou a formação de um Partido Político, Antimaçônico.

Sim, a Maçonaria, isso lá pelos anos de 1820, foi combatida, duramente, desonestamente, por um Partido Político, Antimaçom. E se a Maçonaria não fosse política, não haveria nenhuma necessidade disso.

Uma coisa tem que ficar bem clara – se os Maçons, em sua maioria, não dão a mínima ao significado da palavra **LIBERDADE** – nem por isso, em sua trajetória, ela deixou de se intrometer no mundo da política, a favor, sempre, das Liberdades, Individuais e Coletivas.

27 – O RITO ESCOCÊS ANTIGO E ACEITO

O **Rito Escocês Antigo e Aceito**, o Rito mais badalado no Brasil e adjacências, no resto do mundo ele não é lá essas coisas. Menos de 5% dos Graus Simbólicos; já dos chamados **ALTOS GRAUS**, ele atinge de 80 a 90%.

Até 1801, ele tinha 25 Graus e era conhecido como o Rito de Perfeição. De 1801, em diante, ele acrescenta mais 8 Graus, passando a ter 33, e muda de nome, adotando o Título Distintivo de **SUPREMO CONSELHO MÃE-DO-MUNDO**, depois acrescentaram outras denominações. O que é curioso, é que no país onde ele sofreu a transmutação, ele não é praticado nos Três Primeiros Graus – isto é, nos Três Graus Simbólicos. E que o Escocês que foi para a Itália, foi o criado por JOSEPH CERNEAU.

28 – DONATIVOS DO EXTERIOR

Assim como a Loja "P-2" arrecadava e arrecadou muito dinheiro, no Exterior, para combater o Comunismo, também Garibaldi recebeu muitos Donativos externos, para ajudar seu projeto de UNIFICAÇÃO DA ITÁLIA. Embora ele tenha recebido ajuda financeira de diversos países, de onde viria mesmo o grosso dessa ajuda? Durante muito tempo, para essa pergunta não havia resposta.

Garibaldi ficou famoso com seu exército de MIL HOMENS. Só que ele chegou a comandar um exército de 5 mil homens. Sabe quanto custa a manutenção de um Exército de **Cinco mil homens**? Alimentar, armar, uniformizar e abrigar, 5 mil homens? Não é com pouca coisa, não.

Não faz muito tempo, que se descobriu que quem patrocinou mesmo foi a Igreja Anglicana, da Inglaterra. Seu interesse no enfraquecimento do poder temporal dos Papas, acabaria por diminuir, também, o seu poder espiritual. E, na verdade, foi isso mesmo o que aconteceu.

29 – UMA PODEROSA NAÇÃO

O sonho de Garibaldi, de que a Itália se transformasse em uma grande Nação, se realizou. Todavia, um lunático, um megalomaníaco – conhecido como **BENITO MUSSOLINI** – quase a leva ao fundo do poço, provocando a Segunda Grande Guerra Mundial, em parceria com outro megalomaníaco, como ele – **ADOLF HITLER**.

Hoje a sua Itália está, novamente, no Pedestal onde ele queria vê-la. Fazendo parte da **Comunidade Européia**, estando fazendo parte do G7, isto é, do **Grupo das 7** maiores economias do mundo, ao lado da França, Alemanha, Inglaterra, etc.

Se ele não pode ver essa imensa Revolução de sua Pátria, Garibaldi sonhou grande, mas não foi um visionário – foi, apenas, um cidadão de horizontes largos, que lutou para (e muito) ver seus sonhos realizados.

30 – IRMÃ "MESTRE-MAÇOM"

Este é um dos pontos críticos do modo como Garibaldi via o problema da Maçonaria Feminina. Pelo que se deduz de seu pensamento maçônico, ele era a favor da Mulher, na Maçonaria. E não consta que a Grande Loja Unida da Inglaterra tenha atirado algum anátema contra Garibaldi. Aí vem uma perguntinha, meio cretina: será que era porque Garibaldi estava sendo financiado pela Inglaterra, para derrubar o poderio do papa Pio IX?

É uma questão, ou resposta, que nunca saberemos.

Quanto à mulher na Maçonaria, que alguns Maçons acham a coisa mais abjeta, mais infame, mais imperdoável, é certo que Garibaldi não se interessou pela Maçonaria de **Memphis** e a de **Misrain**. E que foi no período (1872-1882) em que ele, Garibaldi, foi eleito Grão-Mestre Honorário do Rito de Memphis, que houve a **União dos Ritos**, formando a **Ordem MEMPHIS-MISRAIM** que, ainda hoje, luta para sobreviver. E, talvez, seja por isso, ainda, que o Rito de MEMPHIS-MISRAIM, hoje, aceita a participação da Mulher, como veremos:

A Respeitável ***Loja Simbólica "Luz e Serenidade"****, é uma Loja Maçônica localizada na cidade de Campos Novos, Estado de Santa Catarina (Brasil). É constituída por um grupo de mulheres livres e obedientes às leis do País, sem preconceito de raça, crença ou nacionalidade, reunidas em sociedade, segundo os Princípios Universais da Maçonaria e as Leis e Regulamentos da Grande Loja Feminina de Memphis-Misraim da França e da*

Grande Loja Feminina de Memphis-Misraim da Argentina, às quais é subordinada, conforme a Carta Constitutiva expedida por esses dois altos Corpos Maçônicos para discutir a aprender sobre temas humanos.

Estamos sob os auspícios da Mui Respeitável Grande Loja Maçônica Feminina de Memphis-Misraim da Argentina e somos juntamente com a Loja "Harmonia e Liberdade" da cidade de Curitibanos, Santa Catarina, as únicas Lojas Femininas do Rito no Brasil.

HISTÓRICO DA LOJA

A Respeitável ***Loja Feminina "Silêncio e Fraternidade"****, do Rito de Memphis-Misraim foi fundada dia 14 de julho de 2000.*

Foi regularizada em 16 de julho de 2000.

Tem hoje sede à Rua Justino Ramos da Cunha, 33 – Campos Novos – Santa Catarina. E-mail <loja_luz_e_serenidade@hotmail.com>

Reuniões às terças-feiras.

DE ONDE VIEMOS

No século XVIII.

A presença de Lojas femininas foi assinalada muito cedo na história da Maçonaria egípcia.

Em 7 de agosto de 1785, em Lyon, França, ocorreu a inauguração da Loja "Ísis", trabalhando o Rito Egípcio. Fundada nesse ano, esta Loja abrangia somente os três Graus fundamentais e tinha completa autonomia. Tendo em vista que o Grão-Mestre do Rito, o Duque de Montmorency-Luxembourg era oficialmente o Ven∴ da Loja "Ísis", não tinha nenhum papel nas reuniões. Os Irmãos compareciam como visitantes e todas as Cerimônias eram presididas pela Grã-Mestra e Irmãs dignitárias da Loja.

Em 1819, uma reunião de adoção foi organizada por Madame de Villette, filha adotiva de Voltaire, a quem se atribui a criação de uma Loja chamada "Bela e Boa" do Rito de Misraim. A partir da época do terror Branco, as Lojas de Misraim se refugiaram na clandestinidade, até 1838, data na qual somente as Lojas masculinas retomaram seus trabalhos com força e vigor.

Foi necessário esperar até 1965, quando o Grão-Mestre do Rito, Robert Amblain, decidiu reabrir a Maçonaria de Memphis-Misraim às mulheres.

G∴ L∴ F∴ M∴ M∴

A 13 de março de 1965, o Grão-Mestre do Rito criou a primeira Loja feminina trabalhando no Rito de Memphis-Misraim em Neuilly-sur-Seine na França. Esta Loja foi composta por membros da Grande Loja Feminina da França e dos Direitos Humanos. Essas Irmãs desejavam participar dos

Trabalhos Simbólicos, sem contudo deixar suas Lojas de origem. A dupla filiação, porém, não levou à união e esta teve breve existência.

Em 26 de janeiro de 1971, realiza-se a cerimônia de fundação de uma segunda Loja feminina – "O Delta" –, que prospera graças à atividade e ao dinamismo de suas participantes, vindo a multiplicar-se.

Em 10 de fevereiro de 1981, com base no art. 79 das Constituições dos Ritos, o Grão-Mestre cria a Grande Loja Feminina de Memphis-Misraim na França. Esta se compromete a respeitar os Regulamentos e as Constituições e particularmente a norma que proíbe o funcionamento de Lojas mistas. Nossas Lojas, entretanto, acolhem como visitantes Irmãos e Irmãs de outras Obediências.

Em 29 de outubro de 1984, o Soberano Santuário reconhece a independência da Grande Loja Feminina na França, passando esta a ter sua própria administração, desde o primeiro até o trigésimo terceiro Grau, à semelhança das demais Obediências, sem nenhuma vassalagem frente ao Grão-Mestre mundial do Rito.

Em 1987, foi criado um Soberano Santuário Feminino Internacional autônomo.

A Ordem de Memphis-Misraim é uma das mais antigas da França. Em 1988 celebrou-se seu bicentenário pelo ramo de Misraim.

Este Rito nasceu em 1788, na antiga República de Veneza. Foi instituído por Cagliostro, que adotou os Graus inferiores da Grande Loja da Inglaterra e todos os altos Graus da Maçonaria Templária Alemã. Este Irmão tornou-se legendário como ferrenho adversário do despotismo. Já em 1786, em sua carta ao povo francês, pregava a demolição da Bastilha, a convocação dos Estados Gerais e o surgimento de uma revolução que deveria desenvolver-se pacificamente. A nobreza entregou-o ao clero. Este não subestimou o perigo deste novo caminho espiritual, o fermento da liberdade introduzido por Cagliostro. A Igreja fez dele um símbolo do mal, do qual se serviu para desacreditá-lo e, através dele, a toda a Maçonaria. Cagliostro pagou com sua vida por todos os Irmãos.

O Rito de Memphis foi criado em 1815 por Maçons que haviam participado da Campanha do Egito levada a efeito por Napoleão Bonaparte. De fato, a Campanha do Egito foi um episódio essencial para o desenvolvimento dos Ritos da Maçonaria Egípcia. No século XIX as duas Obediências se transformam em viveiro e refúgio dos Carbonários.

Convém lembrar que estes homens vinham do reino de Nápoles e recrutavam pessoas nos meios liberais para preparar um levantamento republicano e lutar contra o absolutismo religioso de Roma. Pio IX os considerava descendentes da Maçonaria e os excomungou, o mesmo fazendo com a Ordem.

Em 1881, Garibaldi determinou a fusão dos dois Ritos de Memphis e de Misraim, tornando-se seu primeiro Grão-Mestre. Este nosso ilustre Irmão freqüentemente é denominado "o verdadeiro cidadão do mundo" e definido como "Cavaleiro da Humanidade". Acima de tudo foi ele um unificador, estimado por sua sincera abnegação, integridade e coragem. Seu maior sonho foi a realização do que seriam os "Estados Unidos da Europa".

Ele promovia a união entre os homens e estava convencido da necessidade de lutar "pela humanidade e pela liberdade em geral". Adversário da Igreja Romana, pregava a separação entre Igreja e Estado. Queria introduzir o ensino obrigatório gratuito e leigo, dissolvendo as corporações religiosas. Entretanto, rechaçava o ateísmo, a indiferença e o "miserável materialismo".

Victor Hugo escreveu sobre ele: "Garibaldi, quem é Garibaldi? É um homem, mais nada. Porém um homem em toda a sublime acepção da palavra, um homem da liberdade, um homem da humanidade".

Assim se pode entender o qualificativo de "Ferozmente Republicano", por muito tempo associado ao Rito de Memphis-Misraim.

Essa afirmação foi confirmada durante a última Grande Guerra, que assistiu ao assassinato do Grão-Mestre Constant Chevillon pela milícia de Vichy, assim como de seu alter-ego belga, o Irm∴ Delaive, decapitado com um machado pelos nazistas. Além disso, nosso antigo Grão-Mestre mundial Robert Ambelain, trabalhou na clandestinidade e manteve em sua casa, durante a ocupação alemã, a Loja "Alexandria do Egito". Graças a ele, então Grão-Mestre da Grande Loja Masculina e à Grã-Mestra da Grande Loja Feminina, o Rito de Memphis-Misraim perpetua suas tradições de fidelidade aos princípios democráticos e às ciências iniciáticas.

Essa **NOTA Nº 30** foi alongada com esse texto sobre a Loja **"LUZ E SERENIDADE"**, que trabalha, no Brasil, no **Rito MEMPHIS-MISRAIM**, para esclarecer mais alguns detalhes sobre esses **Ritos**, e a participação de Garibaldi.

O que sentimos é que, devido o desejo de **Garibaldi**, de Regularizar a Maçonaria Feminina, através desse Rito, o Irm∴ **Robert Ambelain**, Grão-Mestre Universal do Rito, mudou os Estatutos do Rito e adaptou-o para receber as mulheres em seu seio.

De minha parte, dou por encerrado este texto, acrescentando, somente, um, ou mais anexos.

ANEXO 1

Uma lista completa dos Graus do **Rito de Memphis** (as datas entre parênteses, são as que marcam a reforma do Rito).

1ª CLASSE, OU PRIMEIRAS SÉRIES – HISTÓRIA – ÉTICA – SIMBOLOGIA E FILOSOFIA

1) APRENDIZ
2) COMPANHEIRO
3) MESTRE
4) MESTRE DISCRETO ou MESTRE SECRETO
5) MESTRE PERFEITO ou MESTRE ARQUITETO (1849)
6) MESTRE SUBLIME ou SECRETÁRIO ÍNTIMO (1867)
7) HONRADO PREBOSTE ou PREBOSTE e JUIZ (1862)
8) CAVALEIRO INTENDENTE DOS EDIFÍCIOS ou CAVALEIRO ELEITO (1849) ou ainda, segundo Ragon, CAVALEIRO DE ISRAEL
9) CAVALEIRO ELEITO DOS NOVE
10) ILUSTRÍSSIMO CAVALEIRO ELEITO DOS QUINZE
11) SUBLIME CAVALEIRO ELEITO
12) CAVALEIRO GRANDE-MESTRE ARQUITETO
13) CAVALEIRO DO ARCO REAL

∴

2ª CLASSE, OU CLASSE II

14) CAVALEIRO DA ABÓBADA SAGRADA, ou GRANDE ELEITO ESCOCÊS (1862)
15) CAVALEIRO DA ESPADA, ou segundo Ragon, CAVALEIRO DA ESPADA E DO ORIENTE, ou CAVALEIRO DO ORIENTE (1862)
16) PRÍNCIPE DE JERUSALÉM
17) CAVALEIRO PRÍNCIPE DO ORIENTE, ou CAVALEIRO DO OCIDENTE, ou só CAVALEIRO DO ORIENTE (1849) ou ainda CAVALEIRO DO ORIENTE E DO OCIDENTE (1862)
18) CAVALEIRO PRÍNCIPE DA ROSA DE HEREDON ou CAVALEIRO DA ROSA-CRUZ (1862)
19) CAVALEIRO GRANDE PONTÍFICE DE JERUSALÉM ou CAVALEIRO PRÍNCIPE DO OCIDENTE (1849) ou ainda GRANDE PONTÍFICE (1862)
20) CAVALEIRO GRÃO-MESTRE DO TEMPLO DA SABEDORIA, ou CAVALEIRO DAS LOJAS (1862) ou CHEFE DAS PRIMEIRAS SÉRIES, ou VENERÁVEL GRANDE MESTRE DE TODAS AS LOJAS (segundo Ragon)
21) CAVALEIRO NOAQUITA, ou CAVALEIRO DA TORRE, ou CAVALEIRO PRUSSIANO NOAQUITA (1862) ou MESTRE DA CHAVE DA MAÇONARIA (segundo Ragon)
22) CAVALEIRO DO LÍBANO, ou PRÍNCIPE DA TORRE (segundo Ragon), PRÍNCIPE DO LÍBANO, ou CAVALEIRO NOAQUITA
23) CAVALEIRO DO TABERNÁCULO, ou CHEFE DO TABERNÁCULO (1862) ou CAVALEIRO DO REAL MACHADO, ou CAVALEIRO DO LÍBANO
24) CAVALEIRO DA ÁGUIA VERMELHA, ou PRÍNCIPE DO TABERNÁCULO (1862), ou CAVALEIRO DO TABERNÁCULO (de Ragon)
25) CAVALEIRO DA SERPENTE DE BRONZE, ou CAVALEIRO DA ÁGUIA VERMELHA, ou PRÍNCIPE DO TABERNÁCULO (Ragon)
26) CAVALEIRO DA CIDADE SANTA, ou ESCOCÊS TRINITÁRIO (1862), ou CAVALEIRO DA SERPENTE DE BRONZE (segundo Ragon)

3ª CLASSE, OU CLASSE III

27) SOBERANO GRANDE COMENDADOR DO TEMPLO, ou CAVALEIRO DA CIDADE SANTA, ou PRÍNCIPE DAS MERCÊS (segundo Ragon)
28) CAVALEIRO DE JOÃO, ou CAVALEIRO DO SOL, ou SUBLIME CAVALEIRO DE SANTO ANDRÉ DA ESCÓCIA (1862)
29) CAVALEIRO DE SANTO ANDRÉ, ou CAVALEIRO DE JOÃO, ou CAVALEIRO DO SOL (1862)
30) CAVALEIRO GRANDE KADOSH, ou SOBERANO GRANDE INSPETOR, ou CAVALEIRO KADOSH (1862), ou CAVALEIRO DE SANTO ANDRÉ (segundo Ragon)
31) GRANDE INQUISIDOR COMENDADOR, ou GRANDE MESTRE COMENDADOR (1862), ou CAVALEIRO GRANDE KADOSH (segundo Ragon)
32) SOBERANO PRÍNCIPE DO REAL MISTÉRIO, ou PRÍNCIPE DO REAL SEGREDO (1862) ou GRANDE INQUISIDOR COMENDADOR (Ragon)
33) CAVALEIRO GRANDE INSPETOR GERAL, GRÃO-MESTRE GERAL (1862), SUBLIME PRÍNCIPE DO REAL MISTÉRIO (Ragon)

∴

SEGUNDA SÉRIE – CIÊNCIAS NATURAIS – HISTÓRIA, POESIA, MITOS E HUMANITARISMO

34) CAVALEIRO DO TEMPLO, ou CAVALEIRO DA ÁGUIA VERMELHA (1856) ou CAVALEIRO DA ESCANDINÁVIA (1862) ou CAVALEIRO GRANDE INSPETOR (Ragon)
35) CAVALEIRO DA ESCANDINÁVIA, ou CAVALEIRO MESTRE DOS ANJOS (1865), ou SUBLIME CAVALEIRO DO TEMPLO
36) CAVALEIRO FILALETES, ou CAVALEIRO DA CIDADE SANTA (1856), ou SUBLIME NEGOCIANTE COMENDADOR DO TRIÂNGULO LUMINOSO (1862)

∴

4ª CLASSE, OU CLASSE IV

37) DOUTOR DO PLANISFÉRIO, ou CAVALEIRO ADEPTO DA

VERDADE (1856) ou CAVALEIRO DA SHOTA (o mesmo que ADEPTO DA VERDADE – 1862)

38) MESTRE DA GRANDE OBRA, ou SÁBIO SIVIAST (1849), ou SUBLIME CAVALEIRO ELEITO DA VERDADE (1856), ou SUBLIME ELEITO, ou FILALETES (1862)

39) PRÍNCIPE DO ZODÍACO, ou CAVALEIRO FILALETES (1856), ou GRANDE ELEITO DOS EONS (1862)

40) SUBLIME HERMÉTICO FILÓSOFO ou DOUTOR DE FILOSOFIA (1856), ou SÁBIO SIVIAST, ou PERFEITO SÁBIO (1862)

41) CAVALEIRO DAS SETE ESTRELAS, ou SÁBIO SIVIAST (1856), ou CAVALEIRO DO ARCO DAS SETE CORES (1862), ou CAVALEIRO DAS SETE ESTRELAS (de Ragon)

42) CAVALEIRO DO ARCO DAS SETE CORES, ou FILÓSOFO HERMÉTICO (1856), ou SUBLIME FILÓSOFO HERMÉTICO (1862)

43) CAVALEIRO SUPREMO COMANDANTE DAS ESTRELAS ou ADEPTO INSTALADOR (1856), DOUTOR DOS PLANISFÉRIOS (1862)

44) GRANDE PONTÍFICE DE ÍSIS ou ADEPTO CONSAGRADOR (1856), ou SUBLIME FILÓSOFO DO ZODÍACO (1862)

45) SOBERANO MESTRE DOS MISTÉRIOS, ou REI PASTOR DE OVELHAS DE HUTZ (1849), ou ADEPTO PANEGIRISTA (1856) ou SUBLIME SÁBIO DE ÍSIS (1862)

46) SUBLIME PRÍNCIPE DA CORTINA SAGRADA ou ADEPTO DE SIRIUS (1856), ou SUBLIME PASTOR DE HUTZ (1862)

47) INTÉRPRETE DOS HIERÓGLIFOS, ou O SÁBIO DAS PIRÂMIDES (1849), ou ADEPTO DA BABILÔNIA (1856), ou SUBLIME MESTRE DOS SEGREDOS DA ORDEM (1862), ou CAVALEIRO DAS SETE ESTRELAS (1862)

5ª CLASSE, OU CLASSE V

48) REI PASTOR DE HUTZ, ou FILÓSOFO DA SAMOTRÁCIA (1849); ou ADEPTO DO ARCO-ÍRIS (1856); ou SUPREMO GUARDIÃO DO MONTE SAGRADO (1862)

49) PRÍNCIPE DA CORTINA SAGRADA, ou TITÃ DO CÁUCASO, ou ADEPTO DAS SETE ESTRELAS (1856), ou SUBLIME SÁBIO DAS PIRÂMIDES (1862)

50) SÁBIO DAS PIRÂMIDES, ou CRIANÇAS DA LIRA (1849); ou

COMANDANTE DO ZODÍACO (1865); ou SUBLIME FILÓSOFO DA SAMOTRÁCIA (1862)

51) FILÓSOFO DA SAMOTRÁCIA, ou CAVALEIRO DA FÊNIX, ou CAVALEIRO BANUKA (1856), ou SUBLIME TITÃ DOS CÁUCASOS (1862)

52) PRÍNCIPE DO VELOCINO DE OURO, ou SUBLIME ESCALDADURA (1849), ou CAVALEIRO DO TRIÂNGULO LUMINOSO (1856), ou SÁBIO DOS LABIRINTOS (1862)

53) TITÃS DOS CÁUCASOS, ou CAVALEIRO DA ESFINGE (1849); ou CAVALEIRO ZARATUSTRA (1859), ou SÁBIO DE FÊNIX (1862)

54) FILHOS DA LIRA, ou CAVALEIROS DO PELICANO (1849); ou CAVALEIROS DO ANEL LUMINOSO (1856); ou SUBLIME ESCALDADOR (1862)

55) CAVALEIRO DA FÊNIX, ou SUBLIME SÁBIO DOS LABIRINTOS (1849); ou PRÍNCIPE DOS MAGOS (1856); ou SUBLIME DOUTOR ÓRFICO (1862)

56) DOUTOR ÓRFICO, ou PONTÍFICE DA CADMEA (1849); ou DOUTOR DOS VEDAS SAGRADOS (1856); ou SÁBIO DE CADMUS (1862)

57) SUBLIME ESCALDADOR; ou SUBLIME MAGO (1849); ou PRÍNCIPE BRAHMÂNICO (1862)

58) CAVALEIRO DA ESFINGE, ou PRÍNCIPE BRAHMÂNICO (1849); ou SUBLIME ESCALDADOR (1856); ou SÁBIO BRAHMÂNICO (1862)

59) PERFEITO MESTRE DA SLOKA; ou PONTÍFICE DE OGYGIA (1849); ou CAVALEIRO ESCANDINAVIANO (1856), ou SUBLIME SÁBIO DE OGYGIA (1862)

60) CAVALEIRO DO PELICANO, ou CAVALEIRO ESCANDINAVIANO (1849), ou PRÍNCIPE DO NOME SAGRADO (1856), ou SUBLIME GUARDIÃO DOS TRÊS FOGOS (1862)

61) SUBLIME SÁBIO DOS LABIRINTOS, ou CAVALEIRO DO TEMPLO DA VERDADE (1849), ou PRÍNCIPE DO VELOCINO DOURADO (1856), ou SUBLIME FILÓSOFO DESCONHECIDO (1862)

6ª CLASSE, OU CLASSE VI

62) PONTÍFICE DE CÁDMUS, ou SÁBIO DE HELIÓPOLIS (1849), ou PRÍNCIPE DA LIRA (1856), ou SUBLIME SÁBIO DE ELÊUSIS (1862), ou SÁBIO DE HELIÓPOLIS

63) SÁBIO SIVIAST, ou PONTÍFICE DE MITRAS (1849); ou PRÍNCIPE DOS LABIRINTOS (1856); ou ADEPTO DE SIRIUS (1862)
64) GRANDE ARQUITETO DA CIDADE DOS MISTÉRIOS, ou GUARDIÃO DO SANTUÁRIO (1849), ou PRÍNCIPE DA CADEIA LÍBICA (1856), ou ADEPTO DA BABILÔNIA (1862)
65) SUBLIME MAGO, ou PRÍNCIPE DA VERDADE (1849), ou SUBLIME SÁBIO DE ELÊUSIS (1862)
66) PRÍNCIPE BRAHMÂNICO, ou SUBLIME KAVI (1849), ou PRÍNCIPE DOS CONVÊNIOS (1856), ou COMPANHEIRO DE ZARATUSTRA ((1862)
67) GUARDIÃO DOS TRÊS FOGOS, ou MUITO SÁBIO MOUNI (1849), ou PRÍNCIPE DO SANTUÁRIO (1856), ou COMPANHEIROS DO ANEL LUMINOSO (1862)
68) PONTÍFICE DE OGYGIA, ou GRANDE ARQUITETO DA CIDADE DOS MISTÉRIOS (1849), ou PRÍNCIPE DO TEMPLO DA VERDADE (1856), ou COMPANHEIRO DOS VEDAS SAGRADOS (1862)
69) SOBERANO GRÃO-MESTRE DA LUZ, CHEFE DA SEGUNDA SÉRIE, ou SUBLIME PRÍNCIPE DA CORTINA SAGRADA (1849), ou COMANDANTE DA SEGUNDA SÉRIE (1856), ou COMPANHEIRO DO NOME SAGRADO (1862)

TERCEIRA SÉRIE – HISTÓRIA, ALTA FILOSOFIA E MITOS

70) DOUTOR DO FOGO SAGRADO, ou INTÉRPRETE DE HIERÓGLIFOS (1849), ou SÁBIO ÓRFICO (1856), ou COMPANHEIRO DO VELOCINO DE OURO (1862)
71) CAVALEIRO DO TRIÂNGULO LUMINOSO, ou DOUTOR ÓRFICO (1849), ou SÁBIO DE ELÊUSIS (1856), ou COMPANHEIROS DA LIRA (1862)
72) CAVALEIRO TEOSÓFICO, ou GUARDIÃO DOS TRÊS FOGOS (1849), ou COMPANHEIRO DA CADEIA LÍBICA (1862)
73) O SÁBIO DE HELIÓPOLIS, ou GUARDIÃO DO NOME IMPRONUNCIÁVEL (1849), ou O SÁBIO DE MITRAS (1856), ou OS COMPANHEIROS DO SANTUÁRIO (1862)
74) PONTÍFICE DE MITRAS, ou MESTRE SUPREMO DA SABEDORIA (1849), ou O SÁBIO DE DELFOS (1856), ou PATRIARCA DA VERDADE (1862)

75) GUARDIÃO DO SANTUÁRIO, ou SÁBIO DE SAMOTRÁCIA (1849), ou SOBERANO, PRÍNCIPE DO SENADO DA ORDEM (1856), ou SUBLIME DOS SEGREDOS DA ORDEM (1862)

7ª CLASSE, OU CLASSE VII

76) PRÍNCIPE DA VERDADE, ou SOBERANO GRÃO-MESTRE DOS MISTÉRIOS (1849), ou SÁBIO DE ELÊUSIS (1856), ou SÁBIO DE ELIÁ (1862)
77) SUBLIME KAVI, ou SUPREMO MESTRE DE SLOKA (1849), ou SUBLIME SÁBIO DOS MISTÉRIOS (1856), ou O SÁBIO DE MITRAS (1862)
78) DOUTOR DO VEDAS SAGRADO, ou DOUTOR DO FOGO SAGRADO (1849), ou FILÓSOFO DA SABEDORIA (1856), ou SÁBIO DE DELFOS, ou CORTINA SAGRADA (1862)
79) MUITO SÁBIO MOUNI, ou DOUTOR DOS VEDAS SAGRADOS (1849), ou SUBLIME SÁBIO DOS MISTÉRIOS (1856), ou FILÓSOFO TEOSÓFICO (1862)
80) CAVALEIRO DO TERRÍVEL SADAH, ou SUBLIME CAVALEIRO DO VELOCINO DE OURO (1849), ou SACERDOTE DA ESFINGE (1856), ou SUBLIME SÁBIO INTÉRPRETE DOS SÍMBOLOS DOS HIERÓGLIFOS (1862)
81) GUARDIÃO DO NOME INEFÁVEL, ou SUBLIME CAVALEIRO DO TRIÂNGULO LUMINOSO (1849), ou SACERDOTE DA FÊNIX (1856), ou SUBLIME FILÓSOFO DA SABEDORIA (1862)
82) SUPREMO MESTRE DA SABEDORIA, ou SUPREMO CAVALEIRO DO TERRÍVEL SADAH (1849), ou SACERDOTE DAS PIRÂMIDES (1856), ou SUBLIME SÁBIO DOS MISTÉRIOS (1862)
83) GRANDE PONTÍFICE DA VERDADE, ou SUBLIME CAVALEIRO TEÓSOFO (1849), ou O SACERDOTE DE HELIÓPOLIS (856), ou SUBLIME SÁBIO DA ESFINGE (1862)
84) GRANDE INSPETOR INTENDENTE, ou SOBERANO GRANDE INSPETOR (1849), ou SACERDOTE DE ON (1856)
85) SOBERANO PRÍNCIPE CHEFE DA MAÇONARIA E DA TERCEIRA SÉRIE, ou GRANDE DEFENSOR DA ORDEM (1849), ou SACERDOTE DE MÊNFIS (1856)
86) SOBERANO GRÃO-MESTRE CONSTITUINTE DA ORDEM, ou SUBLIME MESTRE DO ANEL LUMINOSO (1849), ou PONTÍFICE DOS SERÁFICOS (1856)

87) SOBERANO PRÍNCIPE DAS REGRAS DA ORDEM ou REGULAMENTADOR DA ORDEM (1849), ou SACERDOTE DE ÍSIS (1856), ou PONTÍFICE DE ÍSIS (1862)
88) SOBERANO GRANDE INSPETOR GERAL, CHEFE DO SUPREMO E REPRESENTATIVO CONSELHO DA ORDEM, ou SUBLIME PRÍNCIPE DA MAÇONARIA (1849), ou SACERDOTE DO KNEF (1856), ou PRÍNCIPE DE KNEF (1862)
89) CAVALEIRO DE KNEF, MEMBRO DO SUPREMO GRANDE CONSELHO GERAL, ou SUBLIME MESTRE DA GRANDE OBRA (1849), ou PONTÍFICE DA CIDADE MÍSTICA (1856)
90) PRÍNCIPE DE MÊNFIS, MEMBRO DO SOBERANO TRIBUNAL DEFENSOR DA ORDEM, ou SUBLIME CAVALEIRO DE KNEF (1849), ou SUBLIME PRÍNCIPE MESTRE PERFEITO DA GRANDE OBRA (1856)
91) SOBERANO GRANDE PATRIARCA, GRANDE COMENDADOR DA ORDEM, GRANDE IMPERADOR, ou SOBERANO PRÍNCIPE DE MÊNFIS, CHEFE DO GOVERNO DA ORDEM (1849), ou PAST GRANDE DEFENSOR DO RITO (1856), ou GRANDE INSPETOR GERAL DA ORDEM (1862)
92) SOBERANO PRÍNCIPE DA MAGIA E DO SANTUÁRIO DE MÊNFIS (1849), ou SUBLIME INTÉRPRETE DAS CIÊNCIAS E DOS HIERÓGLIFOS (1856), ou GRANDE DEFENSOR DA ORDEM (1862)
93) GRANDE INSPETOR REGULADOR DO RITO (1856), ou GRANDE REGULADOR GERAL DA ORDEM (1862)
94) SOBERANO PRÍNCIPE DE MÊNFIS (1856), ou SOBERANO PRÍNCIPE DE MÊNFIS E DA MAÇONARIA (1862)
95) SOBERANO PATRIARCA, GRANDE CONSERVADOR DO RITO (1856), ou SUBLIME PRÍNCIPE DA MAGIA (1862)
96) SUBLIME MAGO (1856), ou SOBERANO PONTÍFICE DOS MAGOS E DO SANTUÁRIO DE MÊNFIS (1862)
97) GRANDE HIEROPHANTE

AQUI ENCERRA A RELAÇÃO DOS **97 GRAUS DO RITO DE MÊNFIS**

∴

ANEXO 2

Anteriormente a 1839, o conteúdo do Rito de Mênfis era problemático. O primeiro Título dos Graus apresentados, é o nome que os Graus possuíam até 1839. Os outros nomes que vêm logo após as datas, são resultados das Reformas por que passaram, em 1849, em 1856, e em 1862. Na maioria das vezes, as Reformas foram meras mudanças, ou apenas trocas de posições na Ordem numérica dos Graus; mas poucos Títulos novos foram introduzidos.

A Lista de 1839 possuía 91 Graus; a Lista de 1849, passou a ater 92 Graus; e, a Lista de 1856, passou para 97 Graus, e a de 1862 perdeu, eliminou 1 Grau, ficando com 96 Graus.

O Antigo e Primitivo Rito – *O RITO REFORMADO DE MÊNFIS – é o RITO DA GRANDE LOJA DOS PHILADELPHES.*

Impedido de permanecer na França, o jovem MARCONOS retornou ao mundo da língua inglesa, para tentar um campo novo. Quanto aos Graus e suas divisões e nomes, estiveram sempre sendo alterados – para mais ou para menos, até sua UNIÃO com o RITO DE MISRAIM, em 1881, atendendo a um apelo do Irm∴ **Giuseppe Garibaldi**, que era seu Grão-Mestre de Honra. Se ele fracassou em **Unificar a Maçonaria Italiana**, pelo menos essas duas **Maçonarias**, ele conseguiu **UNIFICAR**.

Mário Covas

1930 – 2001

Preâmbulo

Como existem milhares de Maçons que honraram e honram a Maçonaria, eles são dignos de serem lembrados, homenageados e destacados num livreto como este. Mas para o Xico, embora todos tenham o mesmo direito de ser lembrados, somente aqueles

Em 1999, Covas compareceu à abertura da Conferência Mundial das Grandes Lojas, no Memorial da América Latina em São Paulo

que ele conheceu, ou aqueles que, no passado, tiveram aquele algo mais, que marcaram suas vidas, suas épocas, seus caminhos e o coração do velho Xico, vão desfilando em primeiro lugar.

Que nos perdoem os vivos, pois, nestas Galerias de Maçons Famosos, só entram os famosos, mortos.

Mas uma coisa é certa, se o Xico tiver tempo e vida, esta série irá bem longe, não tem limites para ser interrompida. O Xico é o Limite.

O Irm∴ **Mário Covas Júnior**, não o conheci como Maçom Templário, mas o conheci como homem digno e político honesto. Embora todos nós saibamos como não é fácil passar pelo terreno lodoso da política, sem conspurcar-se, sem sofrer as terríveis conseqüências. E, por tudo o que sabemos, o Mário conseguiu.

O mundo político é um mundo à parte. Ele possui Leis Morais, diferentes, próprias, especiais, estabelecidas, exclusivamente, para eles – POLÍTICOS. Para entender esse mundo, é preciso viver algum tempo em seu meio. É preciso conhecer a estrutura dessa Sociedade fechada e corporativa. A amizade política e o ódio, não podem ser medidos com a mesma régua e medida, com que se medem o amor e o ódio, em outras esferas. A fita métrica de medir a moral dos políticos não possui a mesma graduação da nossa, cidadãos comportados.

Quando tentamos enquadrar um político dentro da Moral Maçônica, dificilmente o conseguimos. Porque eles são muito ruins, e nós muito bons? Nada disso. Apenas habitamos dois mundos muito diferentes, onde os princípios de Moral, de Virtude, e mesmo de Honestidade, não são os mesmos nossos.

Eu, por exemplo, velho e vivido Maçom, nunca consegui aceitar o que o Maçom norte-americano EDGARD HOOVER fez, como Chefe Supremo do FBI. Dos crimes que sua Organização praticou, sob sua chefia, sob seu comando. Dos crimes que acobertou, das torturas e violências praticadas contra mulheres, velhos e crianças, e Maçons. Mas, para o povo da América do Norte, ele era tido quase como um Herói. Eu, pessoalmente, não consigo aceitar como Maçom, o meu Irmão HARRY S. TRUMAN, Maçom ativo, que chegou a Grão-Mestre da Grande Loja de seu Estado e Presidente dos EUA, a maior nação do chamado Mundo Livre, que ordenou o bombardeio assassino sobre as duas grandes e populosas cidades japonesas – NAGAZAKI e HIROSHIMA. HIROSHIMA em 6 de agosto de 1945, e NAGAZAKI, 3 dias depois. Matando e aleijando milhões de seres humanos – entre eles muitos Irmãos Maçons, Cunhadas e Sobrinhos, daquela e de muitas outras gerações. Ainda hoje morre gente. Vítimas, completa e absolutamente, inocentes, nascem defeituosas e morrem precocemente por carregarem no sangue resíduos letais resultantes das bombas jogadas pelas mãos assassinas do Irm∴ TRUMAN. E ele é um grande herói para o povo norte-americano.

Mas isso faz parte da Moral Política, que falamos linhas acima. É só imaginar, que mais de 70 mil pessoas morreram, só no primeiro bombardeio. E no segundo? E naqueles que se seguiram? Até isso faz parte da Moral Política. E sendo assim, quem somos nós, cidadãos comuns, para criticá-los?

Eu estou errado. Muitos Maçons no mundo todo aplaudiram e ainda aplaudem o **BIG BROTHER**, da Grande Nação ao norte do Rio Grande. Minha visão sobre uma guerra, não é a mesma dos Governantes e dos Generais – mesmo Maçons, mesmo conscientes que isso vai de encontro, chocando contra todos os Princípios Maçônicos.

Em nome de que Moral se dizima, se destrói tantas vidas e tantos sonhos, de tanta gente, civil e inocente? Dizem os grandes conhecedores do mundo político, que isso faz parte do arcabouço da Moral Política.

Ao chegar ao fim da Guerra, TRUMAN era um Herói. O mundo vitorioso, o aplaudiu. Seu nome virou bandeira. Seus feitos foram cantados em versos e prosas, em muitas línguas, menos a japonesa, é claro. Esses choram em prosa e verso.

Truman também não foi um mau Maçom, tanto isso é verdade que chegou a ocupar o cargo de Grão-Mestre e galgou o Grau mais cobiçado da Maçonaria Norte-Americana, ou seja, o Grau 33, do Rito Escocês Antigo e Aceito.

É verdade que há uma certa dificuldade a mais, que atrapalha o bom desempenho dos Trabalhos Maçônicos, dos políticos.

Nós, os Maçons, costumamos cobrar muito dos Maçons políticos; todavia, não lhes damos nada em troca, nem mesmo o nosso voto. E os pedidores de favores pessoais, dos políticos existem, em grande número, até entre nós Maçons.

Para citar só um exemplo:

Quando o fazendeiro da região de São José do Rio Preto, **Antonio Mano Cabrera**, foi Iniciado na Loja "12 de Novembro", de São José do Rio Preto, não havia presente nem 50 Maçons, convidados e do Quadro da Loja.

Mas, quando foi Elevado ao Grau de Companheiro, o Irm.·. Antonio Mano Cabrera, Ministro da Agricultura, do Governo Fernando Collor de Mello, havia quase 500 IIrm.·. – inclusive o Grão-Mestre da Grande Loja de São Paulo – e, até eu, Xico Trolha, estava lá. O que havia mudado? Que transformação acontecera com o Irm.·. Aprendiz Antonio Mano Cabrera? Nenhuma. Simplesmente ele tinha mudado de **status**. A Loja **"12 de Novembro"** havia Iniciado um fazendeiro e Elevado um poderoso Ministro. Esse teria sido o principal motivo que arrastou tanta gente para assistir sua Elevação. O Irm.·. Cabrera foi obrigado a permanecer fechado numa sala, aguardando o momento de começar a Cerimônia, para se livrar do assédio dos IIrm.·. presentes, muitos deles em busca de favores pessoais.

E quando um Irm.·. ocupa um cargo político, deixa de freqüentar sua Loja. Logo aparece algum Irm.·. que passa a criticá-lo, e a chamá-lo de **mau Maçom**; de Irm.·. que esqueceu seu **Compromisso** para com a **Ordem** e com os IIrm.·..

Nós costumamos tecer loas aos grandes IIrm.·. do passado (e isso não é errado), mas não costumamos pesquisar suas vidas templárias. Seria muito perguntar qual era a Loja freqüentada pelo Irm.·. **Barão do Rio Branco**; ou pelo **Duque de Caxias**; ou o **Marechal Deodoro**; ou **Zacarias de Góes de Vasconcelos**; ou o Interventor Manoel Ribas; ou D. Pedro I; ou Gonçalves Lêdo; ou Teófilo Otoni; ou o Barão do Serro Azul.

São poucos os grandes IIrm.·. que se pode dizer, além de serem grandes Maçons, que foram também Templários assíduos. Mas isso não foi obstáculo para que eles cumprissem os nossos ditames, os Princípios da Ordem. E se isso é verdade, então por que cobrar dos políticos Maçons, atuais, assiduidade nas Sessões de suas Lojas? Participação de, pelo menos, 12 Reuniões Anuais, para se manterem Regulares?

Antes de abrirmos a boca para criticar um Irm.·., que não faz o que queremos que faça, seria bom que olhássemos para dentro de nós mesmos, para ver se o que fazemos é, realmente, de alguma utilidade para a Ordem e para os IIrm∴.

Quantos pedidos, imorais e ilegais, que os nossos IIrm∴ – Governadores, Deputados e Prefeitos – recebem? Não é fácil dimensioná-los.

Só para ilustrar este trabalho, vamos dar uma pequena amostra de como certas coisas acontecem aí pela Maçonaria do Mundo.

Você, meu Irm∴, sabe quem foi o Maçom inglês **WILLIAM DODD**? Eu vou tentar dizer algumas palavras sobre o mesmo.

WILLIAM DODD nasceu em 1729, e morreu em 1777. É bom prestar atenção a essa data – **1777**.

Ele foi um grande **Pregador Religioso**, tendo sido o Primeiro Grande Capelão da Grande Loja de Londres, entre 1775 e 1777, e que foi **Enforcado** em 27 de junho de 1777, pelo crime de **Falsificação** de Assinatura.

Nascido em **Lincolnshire**, ele graduou-se em Cambridge, em 1750, e alcançou logo grande popularidade, como Pregador Religioso, autor e editor. Ele tornou-se Capelão da King George III, em 1764.

Ele foi autor das obras – **"THE BEAUTIES OF SHAKESPEARE"** (AS BELEZAS DE SHAKESPEARE) e **"REFLECTIONS ON DEATH"** (REFLEXÕES SOBRE A MORTE) e muitos outros escritos.

Ele foi forçado a fugir da Inglaterra por causa da tentativa de sua esposa, de chantagear a esposa do Lorde Chanceler, para conseguir uma promoção para ele, em 1774. Ele forjou, falsificou, um título de 4.200 libras, em nome de seu patrão e aluno, o 5º Duque de CHESTERFIELD. Capturado, ele retornou a Londres, devolveu 3.000 libras, e assinou uma promissória do resto.

A pena para o crime cometido, ou seja, falsificação de assinaturas, naquele tempo, era a morte. E a despeito de todos os esforços dos seus advogados – Dr. Samuel Johnson e outros que apelaram ao Rei, e o Rei era Maçom – ele foi condenado à forca e enforcado.

O Reverendo WILLIAM DODD foi Iniciado (aqui está um ponto curioso que merece atenção) na Loja de Santo Albano nº 29, em **1775** (a data é importante). Depois ele foi admitido, também, na LODGE OF ANTIGUITY nº 2, no mesmo ano, eleito 2º Vigilante da mesma, e Grande Capelão da Grande Loja de Londres, a Grande

Loja dos “Modernos”. E no dia 15 de janeiro, ele foi expulso da Maçonaria.

Na Sagração do **1º Templo**, ou do Primeiro LOCAL, construído exclusivamente para os Trabalhos Maçônicos, o FREEMASON’S HALL, ele pronunciou um eloqüente discurso, uma extraordinária Peça de Arquitetura Maçônica, na Dedicação do Primeiro Templo, concluído em maio de 1776, e que foi publicado e distribuído a todos os Maçons daquela Obediência.

Ele também anunciara que estava escrevendo um livro sobre a **HISTÓRIA DA MAÇONARIA**, mas não viveu o suficiente para concluí-lo.

Esse fato, eu fiz questão de citá-lo, pelos motivos que vínhamos apresentando. Os erros de um Maçom são os erros de um cidadão comum. Crime é crime. Seja ele praticado por quem quer que seja.

E sabe quem eram os Grão-Mestres da época? O Duque de Petre, homem que vivia ao pé do Trono. Que tinha influência sobre o Trono, mas, mesmo assim, **WILLIAM DODD** foi enforcado em praça pública. A única coisa boa, ou menos ruim, é que DODD foi o último condenado inglês, a ser executado em praça pública, passando daí, então, as execuções a serem feitas em lugares reservados.

Se a Maçonaria não concede nenhum privilégio aos seus Membros, a não ser o imenso privilégio de usufruir de sua Fraternidade, mas para que os IIrm∴, ou pelo menos parte deles, fossem reciclados, sobre os seus Direitos e Deveres, desde os mais comezinhos Princípios, aos mais elevados.

A Fraternidade e a Solidariedade Maçônica são flores, são plantas, muito importantes, que devem ser preservadas, cuidadas e muito bem alimentadas.

A frase ou expressão muito usada pelos políticos de nossos tempos, de que **“É DANDO QUE SE RECEBE”**, tem duas faces, dois sentidos, duas vias.

Se nós não dermos nada (esse nada significa VOTOS) aos Irmãos políticos, como podemos cobrar-lhes alguma coisa? É preciso que se conscientize os IIrm∴ de que o Maçom político não tem partido, não tem Obediência. É apenas um Maçom na política.

Antes de se preparar uma omelete, é preciso quebrar os ovos; assim, antes de pedir, de exigir que alguém nos faça algum favor, devemos dar-lhes a condição para que eles possam nos atender.

Não existe nenhum compromisso com a Maçonaria, que estabeleça que o Maçom que está em cima, é obrigado a ajudar o, ou os Maçons que estão embaixo. Isso não existe. É uma REGRA que estabelece. Essa é uma Regra de Vida, uma Regra de Procedimento Maçônico.

EM CONDIÇÕES DE IGUALDADE, DAR PREFERÊNCIA A UM IRMÃO.

Essa REGRA não aparece escrita. Está mais ligada ao comportamento fraterno dos Irmãos.

Os Irmãos que ocupam Cargos – tanto no mundo profano, como em Maçonaria – especialmente em Repartições Públicas, estão, sempre, sendo importunados por pedidos, indevidos, de alguns IIrm∴ que ainda não entenderam, ainda não compreenderam que IIrm∴, Chefes de Repartições, Diretores, Gerentes de Banco, não são obrigados a atender IIrm∴, deixando outras pessoas para trás, só e unicamente porque eles são IIrm∴.

Quantos médicos, gerentes de bancos, chefes de fiscalização, agentes e delegados de polícia, deixam de freqüentar suas Lojas, abandonam a Maçonaria, por não suportarem o assédio de IIrm∴ mal-intencionados, que pretendem obter vantagens, aproveitando-se da condição de serem Maçons (esses IIrm∴ não são Maçons, são parasitas, sanguessugas da Maçonaria. É, ninguém é PERFEITO. Mas os **Imperfeitos** são poucos e podem ser eliminados.

Todo esse arrazoado que você acaba de ler, é para justificar alguns comentários que vinculo ao longo deste trabalho. E, algumas críticas acerbas que faço a IIrm∴ meus, de Maçonaria. Quando eu entrar no tema **Mário Covas Júnior**, eu quero estar apto para dizer o que penso sobre ele.

Desejo que seus familiares me perdoem, se não exaltei mais suas qualidades de Pai, de Chefe de Família, pois é um lado que não quis pesquisar.

Se alguma coisa existiu que a imprensa não levantou, não serei eu o mais indicado para essas revelações.

Deve ficar bem claro que eu não quis denegrir a Ordem, ou alguns Irmãos. Eu quis apresentar essas mazelas que, infelizmente, existem, existiram, como um cancro dentro da Maçonaria Universal.

O HOMEM PROFANO

A maioria dos homens atravessa a vida como as nuvens atravessam o céu, sem deixar rastros, sem deixar marcas; daí serem esquecidos, por completo, mesmo em vida.

Exemplos: **Antônio Magri, Sugeyaki Ueki**. Alguém se lembra do Poeta da **P.2**, **Neimar de Barros**, do final dos anos 70?

Outros, como Savonarola, Giordano Bruno, Damião de Góes, Mário Covas, deixaram **marcas** tão profundas, que seus nomes serão sempre reverenciados com respeito, como exemplo de dignidade.

É verdade que num universo imenso, só citei quatro nomes, mas isso não faz a menor diferença. É apenas uma amostragem, pois sei que cada um de vocês, que estiverem lendo este trabalho, tem os seus próprios nomes para servirem de exemplos positivos, ou negativos, dentro do seu mundo de conhecimento.

Todavia, o **Homem** que escolhemos para ilustrar este trabalho, é um indivíduo, um cidadão, campeão olímpico da **Ética**, da **Moral** e da **Dignidade** – o **Dr. Mário Covas Júnior**.

Um homem que viveu 70 anos entre nós, e, ao partir, comoveu uma nação inteira.

Para facilitar a leitura, a compreensão do texto, vamos transcrever alguns tópicos de sua vida, através de uma seqüência de fatos, que estiveram em todos os grandes jornais do Brasil, no dia seguinte de sua morte. Como era uma morte esperada, embora não desejada, as Redações já tinham preparado uma Edição Especial, com o maior número de dados possível sobre ele. E foi baseando-me nesses dados, que montei este texto.

O Caderno Especial da **Folha de São Paulo** foi quem forneceu-me o maior número de subsídio. Seu Banco de Dados foi muito importante para mim.

Mas, para que republicar uma matéria já conhecida?

Acontece o seguinte: o **jornal**, por mais completo que seja, no dia seguinte à sua publicação, a não ser, por uns poucos colecionadores, como é o nosso caso, estará enfeitando gôndolas de feiras, embrulhando peixes e verduras. E o livro, embora a tiragem seja muito pequena, como é o nosso caso, não é jogado fora, especialmente neste caso, que os exemplares do livro têm um endereço certo –

as estantes dos Maçons brasileiros. Maçom, pela experiência que temos, não joga livros no lixo.

1930 – 21 de abril de 1930, enquanto avança a Revolução Tenentista, comandada por Getúlio Vargas, nasce na cidade paulista de Santos, o menino **Mário Covas**, que por ser filho de Mário Covas, comerciante de café, no Porto de Santos, foi-lhe acrescentado ao nome – **JÚNIOR**.

Sua mãe chamava-se **Arminda Carneiro Covas**.

Como vimos, **Mário Covas** nasceu no torvelinho de uma Revolução, que levou o Brasil a 15 anos de uma Ditadura que, como todas as Ditaduras, deixou seu rastro de sangue, tortura e morte.

Mário Covas Júnior nasceu em uma família rica – e por isso teve uma educação esmerada, estudando nos melhores colégios.

1932 – Em **9 de julho** (data muito querida dos políticos) acontece o Levante dos Paulistas, contra atos draconianos, assinados pelo "Presidente" da República Getúlio Dorneles Vargas.

Num protesto estudantil, na Praça da República da Capital Paulista, a Polícia Militar atirou e matou 4 estudantes – Miragaia, Martins, Drausio e Camargo. Esse triste acontecimento era o início de um Movimento Armado, que levou o nome de "REVOLUÇÃO CONSTITUCIONALISTA". E as letras dos nomes dos quatro estudantes – **M.M.D.C.** – foram usadas como bandeira dos Revoltosos.

Nesse Movimento se destacaram grandes nomes paulistas que, por pura coincidência, eram Maçons. Alguns deles eram: Júlio de Mesquita Filho, Washington Luiz, Júlio Prestes, Pedro de Toledo, Ibrahim Nobre, Américo de Campos, Francisco Rangel Pestana, Júlio de Mesquita, pai.

Por que estou descrevendo esses fatos, se eles não têm nada a ver com **Mário Covas**, que tinha apenas 2 anos de idade? Tem sim. Esse Movimento forjou muitos paulistas. Talvez, até, os paulistas tenham colaborado, indiretamente, para a Instalação da Ditadura Fascista, que foi imposta logo depois – em 1937.

1937 – Depois da chamada "INTENTONA COMUNISTA", de 1935, o Governo Vargas estava pronto para estabelecer a sua Ditadura, o que aconteceu dois anos após, em 1937. No ano seguinte, Adolf Hitler assume o Poder na Alemanha, e Getúlio Vargas tinha uma certa predileção por sua atuação política. Daí, editar uma

Constituição Fascista – A POLACA – como foi apelidada, onde estavam inseridos Artigos muito condizentes com o pensamento do nosso Sobrinho Getúlio Vargas, naqueles anos.

E a criação do Estado Novo deu, aos asseclas de Getúlio, mais poderes e mais liberdade de movimento. E aí foram eliminadas as principais lideranças – Luiz Carlos Prestes, sua esposa Olga Benário, que Getúlio entregou para a Gestapo de Hitler, e morreu num campo de concentração nazista.

Esse era o panorama em que o menino **Mário Covas** cresceu, e forjou seus ideais que, anos mais tarde, muito lhe ajudaria. E assim chegamos em 1945. Getúlio e Hitler são derrotados.

1945 – Termina a Segunda Grande Guerra Mundial. Getúlio Vargas é deposto e o Brasil se livra de uma Ditadura que durou quase 15 anos.

Mário Covas, com 15 anos, conhece uma menina de 13 anos, do mesmo meio social – FLORINDA GOMES. Foi amor à primeira vista, entre duas crianças, durante um jogo de basquete, lá na cidade de Santos.

Dois anos mais tarde, então com 17 anos, sai de Santos para estudar Química Industrial.

1947 – Ingressa na Escola Técnica Bandeirante. Todavia, seu namoro com a menina Florinda, a sua LILA, de toda a vida, continua, sem grandes contratempos. Um fato que marcou muito a vida do menino **Covas** foi a separação de seus pais, em 1945, o que levou a lamentar mais tarde.

> *Isso nem sempre é fácil. E ajuda a gente a amadurecer rápido. Ao invés de você procurar ombros para se apoiar, seus ombros começam a ser procurados.*

O menino Mário Covas estava se forjando para os embates da vida.

1951 – Nesse ano, Mário Covas termina seu curso de Química Industrial. Todavia, ele já estava iniciando o curso de Engenharia, na Universidade de São Paulo.

Esqueci-me de dizer. Em 1950, ele ficou noivo da Lila. Quase 5 anos de namoro. A menina Lila era um poço de paciência.

1954 – Quatro anos mais tarde, com 4 de noivado, ele casa-se com Lila.

Esse é um ano, politicamente, muito agitado. O jornalista Carlos Lacerda agita a vida política brasileira, através de seu jornal –

TRIBUNA DA IMPRENSA. Ele ataca diariamente o Governo de Vargas. Em 24 de agosto daquele ano, Getúlio não resiste mais e pratica o suicídio. A comoção nacional provoca uma mudança muito grande, muito radical na política nacional.

1955 – Juscelino Kubitschek toma posse, pois havia sido eleito no fim do ano anterior. O senhor João Café Filho, que estava como Presidente Interino, tentou permanecer no Governo, através de um Golpe, mas o General Lott, Ministro da Guerra, põe o Exército nas ruas, abafa o Golpe que estava em gestação e Juscelino assume o Governo. Nesse mesmo ano, Mário Covas recebe seu diploma de Engenheiro Civil.

1956 – E começa a trabalhar como Engenheiro, na Diretoria de Obras e Serviços Públicos, da Prefeitura de Santos.

1958 – Politicamente, a não ser o **Levante** de Aragarças, o Governo de Juscelino foi mais de calmaria política. A construção de Brasília dominava a mídia da época. Era a famosa **Marcha para o Oeste**, ou para o **Planalto Central**.

Depois de **cinco** anos, a Mosca Azul pica Mário Covas, e ele ingressa na política, de corpo e alma.

1961 – Com o apoio do fenômeno político da época, o Maçom Jânio da Silva Quadros, ele disputa, mas perde a eleição para Prefeito de Santos. Na época, Mário Covas, um fiel admirador de Jânio, usava a famigerada e demagógica Vassoura, como símbolo de sua campanha. Seu carisma ainda não estava muito bom. Mesmo o sr. Jânio Quadros tendo conseguido uma avalancha de votos, ele não conseguiu eleger-se. Mas isso veio ser comprovado mais tarde. Covas nunca foi bom de voto. Todavia, era o seu batismo, no Jordão dos votos. Não se podia exigir muito. Mas, justiça seja feita, ele começou bem, porque já no ano seguinte, ele se elege Deputado Federal.

1962 – Em **7 de outubro de 1962, Mário Covas Júnior** emplaca o seu primeiro passo na sua longa e gloriosa carreira política. É eleito pelo **Partido Socialista** Trabalhista. Por aí já se pode notar a sua tendência política. Já começava a se direcionar para a Esquerda, o que não deveria ser novidade, pois, naquela época, parece que toda a população de Santos era de Esquerda.

1963 – Quando se é bom, quando se tem qualidade, logo é reconhecido. Com apenas dois meses de mandato, ele é escolhido vice-líder de seu partido, na Câmara Federal. O que demonstra que era um bom começo. Nesse ano, o Xico estava em São Paulo, mas o seu ídolo em Santos, era o Prefeito Esmeraldo Tarquino. Uma liderança da Esquerda que surgia, mas que foi sufocado pelo Golpe Militar do ano seguinte.

Esse foi um ano muito agitado. **Jango Goulart**, que assumia o Governo, com a **"Renúncia"** nunca explicada. Greves no Brasil e Rio de Janeiro; o famoso incêndio que destruiu o Paraná; a questão explosiva da Reforma Agrária. Agitação nos Quartéis, os cabos rebelando-se, querendo mais direitos, pois estavam abaixo das prostitutas. Elas podiam votar e eles não. O caldeirão político estava fervendo, o cenário para o Golpe Militar do ano seguinte estava pronto, armado, só esperando os atores. E eles chegaram, tendo à frente o ator principal – General Mourão Filho.

O Irmão Mário Covas, por ocasião de sua Iniciação na Maçonaria. Foto constante de sua ficha na GLESP

1964 – 31 de março. Data negra. Data fatídica para o povo e para o Brasil. Tropas do Exército, comandadas pelo General Olímpio Mourão Filho, depõem o Presidente João Goulart. Era o início dos Anos de Chumbo, que duraria um quarto de século. Era o começo da destruição de uma juventude política. Destruição física e ideológica, através de torturas e prisões.

Dia 11 de

abril, o Congresso Nacional, borrando-se todo, elege Intendente, o General Humberto Castelo Branco para a Presidência da República, na vaga deixada pela queda de João Goulart.

Como forma de protesto, Mário Covas votou no General Joarez Távora, que nem estava na lista dos futuros Ditadores de farda.

Em julho, Mário Covas assume a liderança de seu partido, na Câmara. Ele começava a mostrar por que tinha vindo.

1965 – Em 27 de outubro, o Presidente Humberto Castelo Branco (eu falei Presidente? Foi mais um deslize meu) publica o Ato Institucional nº 2 (AI-2), acabando com o sistema de Pluripartidarismo. Cria-se a ARENA e o MDB. **Arena**, para os Amigos do Golpe, chalaças e bajuladores arrivistas. E **MDB**, para os Opositores. Mário Covas se filia ao MDB. Embora a situação dos políticos não fosse nada boa, Covas ainda se candidata a mais um Mandato.

1966 – Em **15 de novembro**, ele é eleito para um novo mandato na Câmara Federal, só que agora pelo MDB. Foi a última eleição, ainda toda truncada, dentro do período Ditatorial. Eleição parcial, é claro, pois não se elegia Presidente da República; esse era "Eleito", ou melhor, escolhido pelos próprios Militares. Mas, como se diz **que é melhor fanhoso do que sem nariz**, ainda se tinha uma oportunidade de exercitar o direito ao voto. Pior viria depois...

1967 – Mário Covas é escolhido para Líder do MDB (Movimento Democrático Brasileiro). Ele não foi escolhido aleatoriamente. Nessa altura de sua carreira política, ele já se destacava pelo seu espírito combativo e corajoso. Pois essa era uma época muito perigosa, especialmente para os políticos e para quem não pensava e nem lia pela Cartilha do Ditador de Plantão, no caso o General Costa e Silva.

1968 – No dia 28 de março, a juventude estudantil tinha saído às ruas do Rio de Janeiro para protestar contra a Ditadura Militar e o estudante **Edson Luiz Lima Souto**, de 17 anos, que estava no Restaurante Estudantil, que os estudantes tinham apelidado de Calabouço, quando o local foi invadido, foi baleado e morreu.

No velório dele, o povo fazia fila para vê-lo e, no dia seguinte, aproximadamente 50 mil pessoas acompanharam o enterro, pelas ruas do Rio de Janeiro.

O caldeirão estava para entornar... o estopim estava aceso, a explosão vinha logo após.

Dia 1º de abril, os estudantes de Brasília ocupam a Universidade Federal, em protesto contra a invasão policial, havida na véspera.

O ano todo, de 1968, foi um vulcão em plena erupção, derramando rios de lavas sobre a população.

Em São Paulo, os estudantes se reúnem em frente ao Teatro Municipal, comandados pelo Presidente da UEE **(União Estadual dos Estudantes)**, o jovem JOSÉ DIRCEU, um dos grandes líderes do Movimento Estudantil, em São Paulo, assim como Vladimir Palmeira, no Rio de Janeiro. E sabe onde estava Mário Covas? Estava em Brasília, mantendo conversação com o Comandante das Forças de Ocupação da Universidade de Brasília. Junto com ele estavam os Deputados Federais Matheus Schmidt e o homem que, quase 20 anos depois, provocou um escândalo no Congresso COLLOR DE MELLO, ao dançar o bolero **"Besa me Mucho"** com a sua colega, a Ministra da Fazenda Zélia Cardoso de Melo – o então Ministro da Justiça, BERNARDO CABRAL.

Em 13 de dezembro daquele ano, é editado o famigerado **AI-5** (ATO INSTITUCIONAL Nº 5), que fechava o Congresso. E por que essa ferocidade toda? É que no dia anterior, dia 12 de dezembro, **Covas** lidera os Deputados do **MDB**, votando contra o pedido do Governo, de uma Licença para processar o Deputado **Moreira Alves**, acusado de ter pronunciado um violento Discurso contra os Militares.

E assim ele foi tecendo a sua História política, no troar das Batalhas.

Nada melhor do que uma prova de fogo para temperar o idealismo de um homem.

Dia 13 de dezembro ele é preso, por 10 dias, pelo Exército. Depois desses 10 dias ele é solto, para passar o Natal com a família.

1969 – No dia **16 de janeiro**, **Covas** e mais um elevado número de pessoas, políticos professores, foram cassados e tiveram seus direitos políticos suspensos por 10 anos. Dois meses depois, ele é preso novamente, e passa mais **10 dias** em um Quartel da Aeronáutica, em São Paulo.

Dez dias parece que não é nada, mas é. Eu passei só 9 dias no

"Cadeião" de Londrina, mas valeu por uma eternidade. Só quem passou por momentos como esses, sabe o que é.

Durante o ostracismo de 10 anos, imposto pela Ditadura Militar, só um fato abalou a família Covas.

1976 – Em **1º de janeiro**, sua filha de 19 anos, **Sílvia**, morre num acidente de moto. Foi durante o Reveillon. Ela estava na garupa do amigo José Luiz da Silva, que passava o Reveillon com a família Covas e, ao amanhecer o dia, ela saiu para um passeio com o amigo quando aconteceu o acidente que ceifou as vidas dos dois jovens. Como não podia deixar de ser, o impacto foi forte demais e marcou profundamente a família Covas.

1978 – Embora faltasse, ainda, um ano para terminar o prazo da cassação dos seus Direitos Políticos, Covas já estava coordenando, a todo vapor, a campanha para o Senado, do seu amigo Fernando Henrique Cardoso. E Fernando Henrique é eleito.

A amizade de Fernando e Mário Covas sempre foi a toda prova.

Se, politicamente, às vezes, surgiam algumas divergências, a grande amizade que os unia se encarregava de passar uma esponja sobre elas.

1979 – E assim, se passaram 10 anos.

Em 16 de janeiro, **Mário Covas Júnior** recupera seus Direitos Políticos, tão injustamente cassados.

Dez anos é muito tempo – **"mas** (como dizia a canção de Chico Buarque) **apesar de você, amanhã há de ser outro dia..."** E o Chico estava certo. O **amanhã** chegou, apesar dos Castelos; dos Costa e Silva, dos Garrastazu; dos Ernesto Geisel e dos Figueiredo.

Dia 20 de dezembro, o Presidente Figueiredo, talvez em nome de seu pai, Euclides Figueiredo, baluarte da Democracia e do estado de Direito, assina uma Lei, fazendo a Reforma Partidária, extinguindo a ARENA e o MDB, restabelecendo o Pluripartidarismo.

O MDB, que era somente um MOVIMENTO DEMOCRÁTICO, passa a ser um Partido – o PMDB e Mário Covas se filia a ele.

Passa-se o tempo.

1982 – Com seus Direitos Políticos restaurados, ele se atira na primeira campanha política que aparece. Em 15 de novembro, naquele turbilhão de VOTOS, que o povo brasileiro depositou nas urnas eleitorais, para a sigla **PMDB**, Mário Covas volta a ocupar seu espaço, a Câmara Federal, que o obscurantismo político lhe havia roubado.

Foi uma vitória arrasadora da Oposição contra a bolorenta e capenga Ditadura. E ela, a Ditadura, foi sepultada sob uma avalancha de **votos livres**, emitidos por um **povo livre**, em favor de **homens livres**, que nunca dobraram a espinha dorsal.

1983 – Em **15 de março**, a convite do seu amigo André Franco Montoro, Governador de São Paulo, Mário Covas toma posse como Secretário Estadual dos Transportes.

Em 10 de maio, Covas é nomeado Prefeito (BIÔNICO). Pois, apesar de tudo, a Ditadura ainda tinha deixado sua Marca – as Capitais brasileiras não podiam eleger os seus Prefeitos, eles deveriam ser nomeados pelos Governadores. Daí, Mário Covas ter sido nomeado por André Franco Montoro, então Governador do Estado de São Paulo.

Em 1985, ele deixa o cargo de Prefeito e volta à Câmara dos Deputados.

1985 – Mas, em 15 de janeiro, antes de retornar à Câmara dos Deputados, ainda licenciado do cargo de Deputado, ele apóia **Tancredo Neves**, na Eleição Indireta do **Colégio Eleitoral**.

Eleição Indireta era mais um dos monstrengos da Ditadura Militar.

1986 – **Mário Covas**, no dia 15 de julho, sofre um infarto, e é submetido a uma Angioplastia para desobstrução da artéria coronária direita.

Guerreiro como era, saiu-se bem dessa primeira prova. E continuou em campanha.

Dia 15 de novembro, ainda salpicado pelo infarto, ele é eleito **Senador da República**, por São Paulo. O que demonstra que a Ditadura estava errada e o povo, esse sim, estava politicamente correto. Mas, sempre pagamos algum dividendo quando desrespeitamos algumas Regras, especialmente as regras do coração. Dizem que o coração tem regras próprias, "tem razões que a própria razão desconhece".

1987 – Em 12 de setembro, seu coração baqueia novamente, e ele é submetido a uma cirurgia cardíaca, para implantação de duas pontes safenas e uma mamária.

Mas o santista e santista (ele era de Santos e, como tal, empedernido torcedor do Santos Futebol Clube) não tomou conhecimento das suas três pontes e se largou política adentro, como um garoto, um jovem de 20 anos. E no torvelinho político, que se desenrola pelos quatro cantos do Brasil, Mário Covas chega com muita bagagem e muito fôlego à política.

1988 – Quando, em **25 de junho**, ao lado de nomes como André Franco Montoro, Fernando Henrique Cardoso, Pimenta da Veiga, José Serra e José Richa, ajuda a fundar o **PSDB** e é escolhido seu primeiro Presidente (nesse ano eu também ingressei no PSDB, meu primeiro partido político e minha ficha de inscrição foi abonada por Mário Covas, Fernando Henrique e José Richa).

1989 – Mas, como em política nem tudo são flores, **Mário Covas**, a 15 de novembro é derrotado no primeiro turno, para Presidente da República. O Brasil perdeu a melhor oportunidade de eleger o melhor Presidente de toda a sua história. Entre um político de verdade e um arrivista político – entre **Covas** e Collor, o povo e, entre ele, a maioria dos Maçons, pelo menos os que conheço votaram em Fernando Collor de Mello. Só que o castigo pela má escolha não tardou a chegar – seu Presidente querido foi cassado, e não por um ato arbitrário de um Governo Ditador, mas, sim, por ser corrupto; por ser desonesto; por ser um mau brasileiro. Mas o povo e seus Irmãos Maçons quiseram assim e (como disse Marco Antonio, perante o cadáver de César) o povo tem sempre razão. Eu fiz a minha parte. Eu publiquei na minha Revista estas Mensagens

O Xico vai votar no COVAS, e você?

Irmão vota em Irmão

No ano seguinte, mais uma vez é derrotado numa eleição, para Governador de São Paulo.

1990 – Em 3 de outubro Covas é derrotado na eleição para Governador do Estado de São Paulo. Para justificar suas atitudes antimaçônicas, muitos IIrm.·. argumentaram que **Covas** não era um Maçom Ativo.

Mas nós todos sabemos que o Maçom não precisa ser **Templário** para ser um bom Maçom, um bom representante da Ordem. Eu já disse isso, no começo deste Trabalho. E reafirmo agora.

Para **Mário Covas**, uma derrota política era, simplesmente, uma batalha perdida, que retemperava suas forças, para enfrentar outras batalhas. Outros percalços da vida. E ele teve muitos.

1993 – Em **23 de outubro**, **Mário Covas** é submetido a mais uma cirurgia. Desta vez para a retirada da vesícula biliar, depois de sofrer uma Calecistite aguda, isto é, em linguagem popular – inflamação da vesícula.

Essa, também, ele tirou de letra, e seguiu em frente. Candidatou-se, mais uma vez, ao Governo de São Paulo. Todos, ou quase todos os políticos, têm por meta e sonho, ser Governador de seu Estado. Esse era um sonho muito acalentado por **Covas**.

1994 – Em **21 de março**, Mário Covas é internado no **INCOR** (Instituo do Coração), devido a uma Erisipela na perna direita – infecção causada por bactéria, que costuma se manifestar após cirurgias cardiovasculares. Não mata ninguém, mas como atrapalha. Como perturba um cidadão.

Em **15 de novembro**, **Mário Covas** realiza seu sonho – é eleito Governador de São Paulo, no 2º turno das eleições. Para o Mário, as vitórias eram sempre muito suadas. Quando se vence uma batalha, quanto mais difícil for, mais satisfação nos traz.

E a erisipela volta a levá-lo para o Hospital no ano seguinte – 1995. Todavia, como as demais, ele atravessa mais esse pequeno obstáculo, impávido e altaneiro. E correm os dias. Seu rio da vida sabe contornar os obstáculos que se lhe apresentam, com extrema galhardia.

1996 – Em **27 de maio**, num gesto duro, politicamente, ele demite todos os seus Secretários, filiados ao PFL, após os "Pefelistas" decidirem apoiar o malufista CELSO PITTA (PPB) nas eleições municipais.

Em **1994**, o PSDB e o PFL haviam ajudado a eleger **Mário Covas** e Fernando Henrique Cardoso. Em São Paulo, o PFL quis ficar de bem com Deus e com o Diabo, se estreparam mais uma vez. Pitta conseguiu envergonhar até seu criador – Paulo Maluf.

Só não foi cassado, pela fraqueza da Assembléia Legislativa de São Paulo.

1997 – Um dos grandes defeitos políticos de Mário Covas era demorar muito para tomar uma decisão. E isso aconteceu, mais uma vez, nesse ano. Em 13 de setembro ele anuncia (sem necessidade alguma) que não era candidato a reeleição, ao Governo de São Paulo. Mas, quando chega o ano das Eleições, em

1998 – Ele, que combatera a candidatura de Fernando Henrique à reeleição, agora já não combate mais.

MANIFESTAÇÃO: Uma das faixas espalhadas nas ruas de São Paulo, após a morte de Covas: o País despede-se de Covas, mas quer que os políticos imitem seu exemplo

Em **27 de março**, ele dá uma guinada de 360 graus, e anuncia que é candidato à reeleição, sim, senhor, ao Governo de São Paulo.

Em **22 de maio**, Covas sente os primeiros sintomas da HERPES-ZOSTER, isto é, uma infecção que é causada pelo vírus da Catapora, que atinge a testa e a cabeça de suas vítimas, provocando pequenas feridas. Os médicos afirmam que essa doença se manifesta quando há baixa imunidade ou alto stress. Talvez Covas estivesse com os dois.

Em 25 de outubro, Covas derrota o competente Paulo Maluf, usando uma expressão do próprio Maluf, nessa mesma eleição: "O Maluf é competente, porque ele compete... compete... compete".

Mas isso só aconteceu no 2º turno. O sr. Paulo Maluf, assim como o sr. Lula, ostentou um número bem alto de rejeição, daí dificilmente venceriam uma eleição – mano a mano.

E quem ganhou com isso foi o povo do Estado de São Paulo, que soube avaliar seu trabalho.

Em **3 de dezembro**, Covas é internado no INCOR, devido a uma Prostatite Aguda, isto é, uma infecção na próstata. E no dia seguinte ele é submetido, mais uma vez, a uma cirurgia, para a retirada de um tumor benigno, em sua próstata. Ao executar essa cirurgia, os médicos detectaram um câncer na bexiga, que também é retirada.

Uma "nova bexiga" é reconstruída com partes de seus intestinos.

1999 – Apesar de tudo isso, Covas, em **10 de janeiro**, toma posse como Governador reeleito, depois que terminou sua licença médica. Parece que nada conseguia deter esse homem determinado, em seu caminho vitorioso.

Em julho, ele entra em choque com o Senador baiano Antonio Carlos Magalhães, devido as facilidades que o Governo Federal havia concedido ao Estado da Bahia, para a instalação de uma fábrica da **Ford** naquele Estado.

Covas, também, era muito bom de briga. Seus adversários o temiam, e muito. E assim, lutando no campo da política, onde ele acaba por se tornar um exemplo de Ética e de Administrador do Bem Público, num universo de corrupção, e no campo da saúde pessoal, que o vem martirizando, ele chega ao fim do século e do milênio.

2000 – Em **19 de maio**, Covas é agredido, fisicamente, com uma bandeirada na cabeça, durante uma manifestação de professores, atirada por um manifestante. Ele desabafou: "Fui preso, fiquei dez anos sem meus direitos políticos, em defesa dessa liberdade que vocês têm hoje, mas não para ser agredido por vocês". As palavras talvez não tenham sido essas, estou usando o registro da minha memória, e a memória do Xico já não anda muito boa.

Não há ninguém mais mal-educado que um "Professor" sem educação. E, em primeiro de junho, ao tentar entrar na Secretaria da Educação, na Praça da República, local onde, em 1932, foram mortos os estudantes – MARTINS, MIRAGAIA, DRAUSIO E CAMARGO – e onde estava acampado um grupo de professores, em greve (parece que os professores estão sempre em greve), Covas foi agredido verbalmente, e atingido por paus e pedras, sofrendo ferimentos nos lábios e na testa. Fazer greve é um direito constitucional; mas, ferir uma autoridade, especialmente um Governante, isso é banditismo puro; é selvageria e, mais especialmente, por professores, aqueles que deveriam passar para seus alunos um mínimo de educação e cidadania.

Em **19 de outubro**, após ter feito exames no **INCOR**, os médicos confirmam que **Mário Covas** tem um tumor maligno entre a nova bexiga e o reto, a mesma região atingida pelo câncer, em 1988.

Outra vez o homem político deixa o homem, o cidadão, em segundo plano. No segundo turno da sua reeleição, Marta Suplicy havia apoiado ele. Agora era sua vez de retribuir aquele favor.

Por isso ele adia sua internação para a noite do dia 29 de outubro, data da eleição, e confirma, publicamente, seu voto em Marta Suplicy. E em 21 de novembro, ele passa por mais uma cirurgia, para a retirada do câncer, entre a bexiga e o reto. E como da vez anterior, os médicos ao executarem seu trabalho, localizam outro tumor maligno, de aproximadamente três milímetros, no intestino delgado. O cerco preparado pela morte estava se fechando cada vez mais...

2001 – 15 de janeiro. Covas submete-se a exames que confirmam a presença de células cancerosas na meninge (membrana que reveste o cérebro, e a medula espinhal).

Sete dias mais tarde, isto é, em 22 de janeiro, Covas deixa o Governo, em licença saúde. Dia 26 de fevereiro, o Governador licenciado, que passava o carnaval em Bertioga, é levado às pressas, em um helicóptero, para o **INCOR**, de São Paulo, onde, em 6 de março, às 15h30m, inicia sua grande viagem ao Oriente Eterno.

Sua **morte**, já esperada, devido ao seu estado de saúde, mas não desejada, comoveu a Nação inteira.

Desde o suicídio de Vargas, em 1954, o País não sentia um impacto como esse.

O BRASIL acabava de perder o mais legítimo sucessor do seu amigo Fernando Henrique Cardoso. Por tudo o que ele fizera para o Estado de São Paulo, e pelo que deveria fazer na Eleição de outubro de 2002, ninguém seria páreo para ele.

O QUE DISSERAM SOBRE MÁRIO COVAS

O que disseram os jornais e os políticos, após a morte de Mário Covas. Vamos transcrever algumas dessas opiniões que foram publicadas em jornais e revistas. O jornal FOLHA DE SÃO PAULO – edição de 7 de março de 2002, num Caderno Especial sobre **Mário Covas** publicou, talvez, a cobertura mais completa sobre sua vida e sua morte.

É nesse Caderno que fui buscar o maior número de subsídios para compor esta pequena Biografia, desse personagem tão importante dentro da política brasileira.

Senão, vejamos.

Vamos transcrever a Opinião da Revista "VEJA", nº 1.691, de 14 de março de 2001, emitida na **CARTA AO LEITOR**.

NA MORTE, UM SÍMBOLO

Como se viu na semana passada durante os funerais do governador Mário Covas, o brasileiro está dando sinais de ter atingido um certo limite de tolerância em relação aos políticos desonestos. Na comoção gerada pela morte de Covas, suas qualidades morais foram ressaltadas tanto nas tribunas quanto nos cartazes e nas faixas de rua. Isso tem um significado óbvio. Mesmo não tendo verbalizado claramente sua insatisfação, o povo que acompanhou o cortejo fúnebre do governador parecia estar dizendo que tipo de homem público gostaria de ver se multiplicar no Brasil. Num país em que denúncias de corrupção

A morte de Covas aguçou a cobrança popular pela ética

se entrechocam em ritmo jamais visto, o governador de São Paulo foi unanimemente apontado como um exemplo a ser seguido pelos políticos que a ele sobreviverão.

A corrupção é praga resistente em todos os tipos de sociedade. Existe desde que as comunidades primitivas passaram a gerar excedentes econômicos, que tiveram de ser estocados e vigiados. Vai sobreviver a todo avanço social. Mas ela pode ser contida. Como mostra o conjunto de reportagens desta edição, o combate à corrupção não é apenas uma meta ligada às virtudes morais de uma nação. Existem também razões práticas que justificam a preocupação com o grau de honestidade dos países. Estudos mostram que os índices de miséria e a mortalidade infantil caem quando se combate a corrupção. Os países atraem investimentos em maior volume à medida que a ação dos corruptos é menos sentida. Já se sabe como medir os efeitos da corrupção e que armas a exorcizam: a imprensa livre, a vigilância dos partidos políticos, um Judiciário mais eficiente, promotores públicos incansáveis são algumas delas. Quanto mais atacada, mais a corrupção se torna visível. Pesquisadores do Banco Mundial encontraram mais manchetes denunciando roubalheira em Cingapura, onde ela é menor, do que na Indonésia, onde é endêmica. Reside aí a maior fonte de esperança para os brasileiros.

OPINIÕES

Do então Senador – ANTONIO CARLOS MAGALHÃES

Perde o Brasil o maior exemplo de Dignidade política e, também, administrativa, que é o Governador Mário Covas.

Foi um exemplo, a vida toda. Eu que o conheci, recém-chegado ao Congresso, como um Deputado, que nem era de São Paulo, era de Santos. Ele sempre angariou a amizade de quantos conviveram com ele. Ele era uma referência, em relação aos problemas do Brasil. Podia-se divergir dele, como aconteceu comigo, em relação aos problemas fiscais do Nordeste, mas sempre nos atendeu com muito carinho, respeito, sobretudo com um carinho muito próprio de sua figura humana. Seu partido perde muito, mas o País perde muito mais. O exemplo de Covas fica. Ficando seu exemplo, ficam suas idéias. E fica, sobretudo, a vontade dele, já expressa, em relação ao País.

Do Governador do Ceará, seu colega de Partido – TASSO JEREISSATI:

É uma perda para todos os brasileiros e uma perda para o Partido. A sua vida é um exemplo para todos os brasileiros. A vida inteira, Mário Covas foi nossa grande referência e, no momento em que ele lembrou do meu nome para candidato à Presidência da República, às eleições de 2002, foi a grande alegria da minha vida pública.

Do Ministro da Educação – PAULO RENATO DE SOUZA:

Eu acho que neste momento, no nosso País, a morte de Mário Covas é uma perda muito grande porque, mais do que nunca, nós precisamos de figuras grandes como ele era.

A perda do Governador aumenta a responsabilidade de cada um de nós que está, hoje, na vida pública. É uma perda para o Brasil, para os brasileiros.

Do Ministro da Saúde – JOSÉ SERRA:

É importante dizer que a herança de Covas não é somente a herança de suas obras, de suas realizações na Prefeitura, no Governo do Estado e no Congresso Nacional, mas, também, a herança de exemplos aos que estão na vida pública, hoje, e os que os sucederão. Ele era um Democrata e, em certas etapas de sua vida, pagou um preço muito alto, por sua prática, absolutamente coerente com seus princípios. Ele sempre tinha algo a ensinar aos outros e tudo isso agora se perde. Mas, na verdade, também fica o exemplo na memória de todos e do seu Partido. Ele vai viver na nossa memória, influenciando a nossa vida.

Do Ministro da Fazenda – PEDRO MALAN:

Todos nós, brasileiros, lamentamos profundamente a ausência de Mário Covas. O seu exemplo continuará vivo, inspirando a classe política e a cidadania no nosso País. A marca de toda a vida de Mário Covas foi a coragem cívica.

Coragem para defender as suas idéias. Coragem, também, para mudar, como fez, entendendo os novos tempos e, para as mudanças necessárias, como bem mostrou no Governo de São Paulo.

Do Ministro da Justiça – JOSÉ GREGORI:

*Mário Covas era o Coração do **PSDB**. A sua morte será um desfalque muito grande para o Partido.*

Covas era o pregador de idéias e o construtor de políticas, sobretudo para o povo mais pobre.

Do então Ministro-Chefe, da Secretaria Geral da Presidência da República – ALOYSIO NUNES FERREIRA:

Mário Covas deixa um exemplo de autenticidade. Ele impunha o respeito, tinha autoridade natural que independia da posição política que ocupasse. Essa autoridade natural vinha de uma característica que poucos políticos têm: absoluta fidelidade das suas ações, àquilo que acreditava, ao seu pensamento. Mário Covas era autêntico e transparente.

Do Presidente de Honra do PT – LUIZ INÁCIO LULA DA SILVA:

*Perde o Brasil, perde São Paulo, perde o povo brasileiro e perdem os partidos políticos, porque Mário Covas simbolizava a Ética. E Ética faz muita falta à política brasileira. De vez em quando ele era alvo de críticas por seu lado de "POUCA CINTURA". Esse era, exatamente, o seu lado bom, porque aquele que tem muita **"cintura"**, vende a alma ao diabo.*

Do Presidente do Senado, de então – JADER BARBALHO:

A morte de Covas é a perda de um Homem Público, não só para São Paulo, mas para todo o País.

Perdemos um Grande Democrata e um grande Administrador.

Do Governador do Rio de Janeiro – ANTONY GAROTINHO:

O homem não se diferencia na morte, mas na vida. Tive a oportunidade de conviver com o Governador Mário

Covas nesses últimos dois anos e ele sempre teve uma postura clara. Nunca ficou em cima do muro – enfrentou sempre as situações. Ele era um Político corajoso, de posições bem definidas.

Do Governador do Estado de Minas Gerais – ITAMAR FRANCO:

Vim trazer, aqui, em nome de Minas Gerais, o nosso abraço de saudade, àquele com quem nós lutamos durante um longo período, pela Democratização do País. Mário Covas representava tudo aquilo que todos nós políticos queremos e desejamos para o Brasil – a Ética, a Honestidade e, sobretudo, a defesa dos interesses nacionais. Essa representatividade o faz um grande homem, uma figura exponencial.

Ficamos na expectativa de que o exemplo de Mário Covas possa ser seguido por gerações, com a certeza de que a gente pode construir um Brasil mais fraterno, solidário e com mais justiça social.

Da Prefeita de São Paulo – MARTA SUPLICY:

Ele tinha uma característica especial; eu diria que era um político que não era ensaboado, porque falava o que pensava.

Foi um exemplo de como um político deve se portar em relação aos bens públicos e, também, às doenças e à vida. Covas vai fazer muita falta no quadro político nacional e, mais ainda, no Partido dele – PSDB.

Do Senador da República – EDUARDO SUPLICY:

Em não vencendo a eleição, o destino fez com que ***Geraldo Alkimin*** *se torne, agora, o Governador de São Paulo. É muito importante que ele, agora, passe a seguir os passos de Mário Covas.*

Do Ministro das Relações Exteriores – CELSO LAFER:

Um homem de coragem como revela sua trajetória de vida. Um homem de bem, na plena acepção ética de quem encontrou na política um espaço de confluência entre a consciência e o poder. Uma personalidade que combinava de maneira muito própria a emoção de quem tinha e transmitia calor humano e sensibilidade, e a razão de quem conhecia, como engenheiro que era, administrador e homem público, a relação entre meios e fins, entre materiais e obras a serem construídas. (Será que todo Diplomata tem que ser assim? Falar muito e não dizer nada?)

Do Ministro da Cultura – FRANCISCO WEFFORT:

Homem público que se tornou um exemplo para todo o País. Mário Covas deixa saudades pela lição de humanidade que nos passou, pelo caráter, honestidade e intensa determinação – qualidades peculiares que o acompanharam em toda sua existência.

Do Ministro da Integração Nacional – FERNANDO BEZERRA:

Num país tão carente de bons exemplos e de referências, Mário Covas é exatamente isso: um exemplo de política, e uma referência de Ética.

Da atriz – RUTH ESCOBAR:

Covas é, foi e será sempre lembrado como político apaixonado pela sua Pátria, capaz de qualquer sacrifício, até da própria vida. Ele tinha a simplicidade de um trabalhador e a Ética de um grande Estadista.

Do ator – RAUL CORTEZ:

É uma perda muito grande. Era um amigo e uma pessoa por quem eu tinha uma profunda admiração.

Do Capitão da Seleção Brasileira de 1958 – HIDERALDO LUIZ BELINI:

É uma perda lamentável. Ele era um Santista *(em meu ponto de vista São-paulino, esse era o único defeito – parece que Belini quis dizer isso, também)* conhecido por todo mundo, mas eu o admirava como o grande político que sempre fui.

Ainda continuando a essa seqüência de testemunhos sobre Mário Covas e sua vida política, pedimos **permissão** ao professor Luiz Felipe de Alencastro, que escreveu o Artigo que se segue – especialmente para o Jornal "FOLHA DE SÃO PAULO", de onde o extraímos.

OPINIÃO

O ENTERRO DO TRABALHISMO SEM BOMBACHA

Na perspectiva do século passado; na perspectiva do Varguismo, da Revolução de 30, ano de seu nascimento, a História política de Mário Covas assume uma significação especial.

Santos, terra natal e base política de Covas, porta, agora, como um estigma, uma característica que outrora significava virtude; um Movimento Sindical organizado, cioso de suas direitas e do poder de fogo de suas reivindicações corporativistas.

Suficientemente afastada do clientelismo Varguista, da Capital Federal Carioca, e do populismo Janguista paulistano; a convivência com os estivadores santistas, dará ao jovem Mário Covas as medidas do que poderia ser o trabalhismo paulista, o trabalhismo sem bombacha – o Trabalhismo, eventualmente nacional.

De verdade, ao longo de sua vida, o Covas, jovem Deputado Federal, que assumia o risco de se opor, ao lado de Germinal Feijó e Maurício Goulart, à extensão da UNE, logo depois do Golpe de 1964, terá representado o radicalismo, coletivamente, possível, no Brasil, o radicalismo da classe média.

Nesse sentido, o enterro de Covas representa, também, o Funeral da reconstrução do Trabalhismo, em bases mais nacionais; o luto do reformismo social que o PSDB trocou pelos trinta dinheiros da globalização.

Daqui para frente, sem a rede protetora do Covismo, o PT estará mais exposto; os enfrentamentos políticos serão mais difíceis, o Brasil político tomará todo o rude feitio de sua aspereza social.

Luiz Felipe de Alencastro, é Historiador, Professor de História do Brasil na Universidade de Paris – Sorbonne e autor do "O Trato dos Viventes – Formação do Brasil no Atlântico Sul".

∴

Vou reproduzir mais uma Opinião – do filósofo **José Arthur Giannotti** – publicada no mesmo Caderno Especial da FOLHA DE SÃO PAULO, no dia 7 de março, do ano de 2001, também Especial para a FOLHA.

COVAS, O TEIMOSO

Engenheiro, obcecado por números, e quando metia uma idéia na cabeça, era mais fácil retirá-la a golpes de machado, do que pela conversa. Mas, cedia a uma argumentação pétrea.

Como foi possível a esse engenheiro fazer brilhante carreira política, quando, no mundo contemporâneo, tudo caminha para o espetáculo; a própria política vindo a ser muito mais fascínio, do que show, do que processo de negociação racional?

Porque ele possuía um extraordinário senso de oportunidade para a coisa pública; e a capacidade de distinguir na multidão de problemas, que assalta um político, e caminha levando a consecução de seus objetivos.

Isso foi demonstrado, sobejamente, na sua Administração, como Governador. Eleito na onda provocada pela sustentação do Real, início de uma Nova Ordem Econômica no País compreendeu, claramente, que nas condições em que opera o novo Capitalismo, não há como fugir do equilíbrio nas contas públicas. Por mais doloroso que seja o ajuste fiscal, o desequilíbrio traz conseqüências perversas, muito piores do que buscar, a todo custo, corresponder Receitas e Despesas.

Todo o seu primeiro mandato orientou-se no sentido de cumprir essa meta. Se políticas sociais mais amplas poderiam ter sido implementadas, só a história poderá dizer; quando a sua atuação for avaliada, em vista dos recursos políticos disponíveis no momento. Mas, desde já, impressiona seu exemplo; sua vontade férrea de selecionar o melhor que, a seu ver, o povo merecia. Por isso, despertava confiança, até mesmo, em seus adversários.

Doía-lhe seu isolamento, a pequena ressonância de

uma política que acreditava nada mais visar, do que o bem público.

Compreendia a revolta do funcionalismo com salários comprimidos que, naturalmente, reclamando de seu sacrifício, não via a razão para arcar com um ônus, evidentemente, mal distribuído. Por isso, discutia com ele, agredia quando era agredido, fazendo disso prova de consideração.

No entanto, por mais político que fosse, sempre preferiu manter-se fiel às suas convicções, do que curvar-se às preferências do momento. Nunca evitou estragos em sua popularidade, se para isso fosse necessário fazer concessões. Conseguiu ir para o ***Segundo Turno****, da última Eleição para Governador, vencendo Marta Suplicy, por diferença mínima.*

E, agora, quando os frutos de sua política apertada começavam a brotar por todos os lados, a morte o levou. Talvez, para que não deixasse, na política nacional, imagem ambígua, porquanto, nas condições de hoje, em que tudo é permitido, não convém preservar a nitidez de seu exemplo.

José Arthur Giannotti, é filósofo, professor emérito da Faculdade de Filosofia, Letras e Ciências Humanas da Universidade de São Paulo, e Presidente do Centro (Centro Brasileiro de Análise e Planejamento). É autor de "CERTA HERANÇA MARXISTA".

∴

Para não me estender mais no campo de sua condição de político e de profano, vou encerrar este Capítulo com uma charge que foi publicada na "Folha de Londrina", de quarta-feira, 7 de março de 2001, do Cartunista IVO AKIO. Eu sempre tive muitas restrições a esse chargista, por achá-lo muito faccioso, em relação ao Presidente Fernando Henrique Cardoso, embora nunca tenha deixado de elogiar a qualidade de seus desenhos. Mas, com essa charge, ele redimiu-se de todas as minhas críticas.

O MÁRIO COVAS MAÇOM

A Maçonaria brasileira, em que pese sua origem latina, ou francesa, com o passar dos anos, por acomodação, ou por motivos de ordem política, se afastou e se distanciou muito de suas raízes.

Os primeiros 100 anos de Maçonaria no Brasil foram bem marcantes. E por quê? Porque ela foi uma Maçonaria 100% política. Ninguém estava preocupado com o lugar onde se reunia, desde que ali se pudesse discutir e conspirar contra os Governos absolutos – Reis e Papas. E a preferência era por **celas** de Padres Maçons – e havia um grande número de Maçons de batinas.

Do ano 1800 a 1900, foi o período em que a Maçonaria brasileira mais se destacou. E não foi no Campo da Ritualística, da Liturgia, nem do Simbolismo, e sim, no campo da Política. É só acompanhar a história da Maçonaria no Brasil, nesse período, e verificar quantas revoluções aconteceram e quem foram seus líderes.

Comecemos pelo ano de 1917 – Revolução Pernambucana,

comandada somente por Maçons, quase todos de batina. Destacando-se aí, o Padre Maçom – João Ribeiro; o Maçom Monsenhor Muniz Tavares e muitos outros; a Confederação do Equador – comandada pelo Maçom de batina – Frei Caneca, em 1824; em 1822, uma Revolução Branca – Incruenta – a Independência do Brasil; obra de Maçons, destacando-se os Maçons – Imperador D. Pedro I, Gonçalves Lêdo e José Bonifácio. Em 1835, lá no Sul – nós já vimos – no Nordeste, duas Revoluções; no Rio de Janeiro, podemos dizer Centro – a Revolução Incruenta, e agora a do Rio Grande do Sul – a Revolução Farroupilha, também comandada por Maçons – Bento Gonçalves, Zambeccari, Garibaldi e Davi Canabarro, entre outros. E, do lado do Império – Duque de Caxias, somando as forças do Imperador. Essa Revolução durou de 1835 a 1845. De 1864 a 1867, a Guerra com o Paraguai, onde se destacaram os Maçons – Duque de Caxias, General Osório, o Conde D'Eu, e, do outro lado – Francisco Solano Lopes. Depois vem, em 1888, a Libertação dos Escravos – destaques para Luiz Gama, José do Patrocínio, Cruz e Souza, André Rebouças (todos Maçons) e tantos outros. Mas, logo no ano seguinte (1889) acontece a Proclamação da República. E aí se destacam – General Deodoro da Fonseca, Quintino Bocaiúva, Benjamin Constant, Saldanha Marinho, Joaquim Nabuco; isso só para nominar feitos dos Maçons mais conhecidos.

Muitas outras pequenas escaramuças aconteceram ao longo desse século, comandadas por Maçons, mas que não há motivos mais sérios para nominá-los aqui.

Essas Revoluções, Guerras, Revoltas, que registramos linhas acima, foram somente para destacar feitos de Maçons brasileiros e o importante papel da Maçonaria e dos Maçons, dentro da Maçonaria Latina, política.

Hoje nós vivemos uma Maçonaria amordaçada, medrosa – mais para Clube de Serviços à População. E nós, cheios de saudades, vivemos a Maçonaria do passado, citando os grandes feitos dos nossos Irmãos, mas sem nada fazermos para mudar esse estado de coisas, modificando nossos Estatutos; e reativar, em nosso País, a Maçonaria, genuinamente política.

E não fomos, somente nós, Maçons, brasileiros, que comandamos a Revolução do Século XIX, com a fundação, em Londres, em 1807, da Grande Reunião Americana, pelo venezuelano FRANCISCO

MIRANDA. A Grande Reunião Americana, segundo Adelino de Figueiredo Lima era, apenas, a fachada que encobria, disfarçava a existência da Loja Política "CAVALEIROS DA RAZÃO", ou **"Caballeros Racionalles"**.

Em 1810, um Maçom embatinado, o Padre Miguel Hidalgo y Costilla, Cura de Dolores, dá o Primeiro Grito de Independência da América Espanhola; sendo derrotado, preso e executado, outro Maçom de batina – **Morellos** – assume o cetro, e continua a luta pela Libertação dos Povos, aquém das margens do Rio Grande. O que aconteceu em seguida, todos nós já sabemos, já conhecemos o papel dos **Libertadores da América**. José de San Martin, Simon Bolívar, General Abreu e Lima, Montúfar, José Marty, Bernardo O'Higgins, Miranda, todos Maçons.

Só não se exigia desses Maçons freqüência, roupa preta, conhecimento Ritualístico e nem saber como entrar em Loja, nem diferenciar Ritos.

Um Irm∴ nosso – **Antônio do Carmo Ferreira, Grão-Mestre do Grande Oriente Independente de Pernambuco** – e eu, estamos lutando para convencer os IIrm∴ sobre a necessidade de se criar uma Corrente Maçônica, mais social, mais política, e menos elitizada porém, mais culta – **"A MAÇONARIA COMUNITÁRIA"**. Essa **Maçonaria Comunitária** teria um campo muito grande de trabalho. Não é um meio de privilegiar alguém, não. É o melhor meio de se usar toda a capacidade profissional, intelectual e social dos IIrm∴.

A Maçonaria Saxônica está mais para Clube Masculino, que para uma Fraternidade Maçônica. A Maçonaria Latina é, e sempre foi, uma Maçonaria mais ligada ao patriotismo, ao social e ao político, ao homem.

E a nossa Maçonaria, que trabalha, em sua maioria (92%) no Rito Escocês Antigo e Aceito, que nasceu na França, em Bordeaux, portanto, latina.

Como a Maçonaria não tem Dogma, não tem Patrão, não tem Senhor, não há necessidade de se dobrar a Espinha Dorsal, para esta ou aquela corrente. A Maçonaria Saxônica é mais desprendida, mais isenta de vaidades. Só aceita e pratica os Três Graus Simbólicos – os Graus da Maçonaria Pura, ou Pura Maçonaria, como escreveu D. Pedro I, no seu Hino à Maçonaria. Já a Maçonaria Latina, é por demais vaidosa, adora o brilho, os Aventais e Colares vistosos; e a ostentação de Graus e Comendas.

Isso tudo é, somente, para dizer que **Mário Covas Júnior** foi Iniciado na Maçonaria de Santos, na Loja **"15 de Novembro, 38", da Constelação da Grande Loja de São Paulo**, no ano de 1967, exatamente no dia 29 de abril.

Mário Covas Júnior
Iniciado em – 29 de abril de 1967
Elevado em – 17 de agosto de 1968
Exaltado em – 14 de março de 1970

Seu Placet de Iniciação tem o número 6.235, sendo o Grau de Mestre o seu último Grau Maçônico, e não foi necessário nenhum Grau além desses três, para ele se tornar reverenciado como Maçom – antes e depois de sua morte.

Costuma-se dizer que não se deve Iniciar políticos, porque eles não vão freqüentar os Trabalhos de sua Loja, portanto, será um ponto morto para a mesma. E, infelizmente, essa é a opinião da maioria dos Maçons brasileiros. É correta essa opinião? É claro que não. O comportamento do Maçom não se mede, somente, pela sua freqüência na Loja. No meu camperear pelos caminhos da Maçonaria, já conheci muitos IIrm∴ que se vangloriavam de ter 10, 20, 30 anos de freqüência 100%, em suas Lojas; e exibiam isso como se fosse um troféu; como aqueles pescadores que, não contentes em matar um peixe, ainda tiram fotografias junto com o peixe morto, para exibir para os amigos. De que vale freqüentar a Loja 100%, anos e anos, embora, fora das Quatro Paredes do Templo nada tenha feito?

Se nós não esquecêssemos aqueles IIrm∴ que deixam a Ordem, por motivos particulares, os nossos IIrm∴ se contariam aos milhares. Existe um exército deles, espalhado pelas cidades e vilas do Brasil. Só são lembrados e citados, como Mário Covas, quando se destacam no mundo profano. Enquanto alguns deles nunca passaram do Grau de Aprendiz, como são os casos do Senador Humberto Lucena, da Paraíba; Jânio Quadros – Vereador, Deputado Estadual, Governador e Presidente da República, que só foi Exaltado a Mestre, já no apagar das Luzes de sua vida, quando era Prefeito de São Paulo, pela última vez; como Rui Barbosa; Álvares de Azevedo, Cassimiro de Abreu, e tantos outros, que só foram Iniciados, mas que, mesmo assim, conseguiram um lugar de destaque no **Panteon** dos Grandes Vultos da Maçonaria brasileira.

Todavia, o Irm∴ **Mário Covas**, toda vez que foi solicitado visitou a Sede da Grande Loja de São Paulo, na qual ele viu a Luz Maçônica. E para descansar um pouco o leitor vou, com a permissão do Irm∴ **Salim Zugaib**, que na época era Grão-Mestre e, como tal, Diretor da Revista "A VERDADE", Órgão Oficial daquela Obediência, reproduzir a publicação dessa matéria.

Foi um belo trabalho, uma bela homenagem que a Obediência prestou a um antigo filiado seu. E durante toda a vida política do Irm∴ Mário Covas, a Grande Loja de São Paulo esteve a seu lado.

A ÉTICA FAZ A HISTÓRIA

A morte do governador Mário Covas despertou na sociedade o sentimento ético do dever. Para a Maçonaria, não foi apenas a ética que ficou marcada na vida do político e Irmão, mas sua estatura como construtor social, fortalecida pelos mistérios da Ordem.

Em seu segundo mandato como Governador do Estado de São Paulo, o Irmão Mário Covas mantinha seu estilo franco e constantes contatos com o povo nas ruas

Depois de uma longa e sofrida luta contra o câncer, o Irm∴ Mário Covas Júnior, de 70 anos, retornou ao Oriente Eterno às 5h30m do dia 6 de março no Instituto do Coração (Incor) de São Paulo, devido à falência múltipla dos órgãos, conforme atestado da equipe médica que o assistiu. Dono de uma carreira política das mais brilhantes do País, durante 40 anos ele sempre esteve ligado aos mais importantes episódios políticos nacionais, defendendo a bandeira da democracia e os direitos dos cidadãos.

O Grão-Mestre da Grande Loja Maçônica de São Paulo, Salim Zugaib, decretou luto oficial em todas as Lojas Maçônicas da jurisdição no Estado de São Paulo. À Cunhada Lila Covas, o GM enviou nota de pesar em que ressalta a grande figura do governador e Irm∴, acentuando que a sociedade brasileira perdera "um homem idealista, digno e leal, cidadão íntegro, sendo sua vida distinguida pela competência pública e de chefe de família".

***Covas, Maçom** – A vida maçônica do Irm∴ Mário Covas começa em 1967, quando foi Iniciado na Loja "15 de Novembro, 38", do Or∴ de Santos, exatamente no dia 29 de abril, de acordo com o placet número 6.235. Sempre muito disciplinado, foi Elevado em 17 de agosto de 1968. Sua Exaltação vai ocorrer no dia 14 de março de 1970.*

Foram muitas as vezes que o Irm∴ Mário Covas esteve no Palácio Maçônico Francisco Rorato. Como Senador da República, ele atravessou as colunas do Palácio Maçônico Francisco Rorato, da GLESP, em fevereiro de 1990, quando teve oportunidade de debater com dirigentes da Ordem, inclusive com o GM Salim Zugaib, as teses parlamentaristas defendidas pela Maçonaria desde antes mesmo da aprovação da Assembléia Constituinte. No ano anterior, Covas havia disputado as eleições presidenciais, ficando em quarto lugar no primeiro turno. O segundo turno foi vencido por Fernando Collor de Melo. Naquela ocasião, ele propôs que a Maçonaria ampliasse a sua ação a fim de criar um "vade-mecum" para cada Maçom ser um instrumento da idéia parlamentarista.

Em data mais recuada, quando exerceu o mandato

de prefeito da Capital, nomeado pelo então governador Franco Montoro, em 1983, Covas falou em praça pública, no Dia do Maçom, 20 de agosto, precisamente na Praça do Maçom, no bairro da Lapa, defendendo os ideais de Igualdade, Fraternidade e Liberdade, época de muitos problemas enfrentados pelo povo brasileiro. Covas defendia essa prerrogativa inviolável que o Grande Arquiteto do Universo conferiu ao homem: a liberdade. A liberdade como o horizonte desta cidade, dizia ele, "gêmea da Igualdade", a liberdade que tem significado tanto maior quanto nela repousa a idéia de que ali se busca a Igualdade, e que ambas passam a ter significado e sentido, na medida em que a ferramenta para obtê-la seja exatamente a Fraternidade, que nasce da solidariedade, do fato de reconhecermos que cada ser humano, homem ou mulher, tenha a dignidade preservada. Este conjunto de conceitos parte da história da própria Instituição Maçônica, que tem, no futuro próximo ou remoto, um enorme papel a desempenhar na liberdade que, finalmente, se fará.

Um ano depois Covas estava nas praças públicas lutando pela redemocratização do País, no movimento das "Diretas-Já". À GLESP ele retornaria em 1998 em campanha pela reeleição. Na palestra no Grande Auditório da Ordem, que ficou lotado, Covas falou das realizações do seu governo e de sua disposição de prosseguir o trabalho de saneamento do Estado, com as finanças completamente em frangalhos, herança do governo anterior.

Conforme dissera aos IIrm∴, naquela ocasião, no primeiro governo tinha cuidado de áreas como a saúde, segurança, casas populares, educação, privatização e investimentos industriais. No segundo governo pretendia, com a casa mais arrumada, tratar do desenvolvimento, complementando os seus planos.

Foi reeleito, e recebeu do GM Salim Zugaib um telegrama de estímulo ao prosseguimento do seu trabalho à frente do Executivo estadual. "As nossas lutas e conquistas estão marcadas no tempo desde a década de 60. Então, como IIrm∴, reafirmamos dentro dos nossos princípios a busca dos mesmos ideais. Essa postura igual está depositada na esperança de uma sociedade mais justa e perfeita. Ficou patente no dia 28 passado, com a sua presença na palestra na Grande Loja, o compromisso e o sentimento de novas conquistas, revigoradas pelo seu pronunciamento. Acreditamos que a partir daí nosso empenho foi marcante e decisivo, advindo do compromisso e apoio de toda a jurisdição no Estado; foi também definitivo e eficaz. A valorização da sociedade e do homem só virá através do compromisso de liberdade e fraternidade, amálgama que nos une como verdadeiros Irmãos" (trechos do telegrama que o GM Salim Zugaib enviou a Mário Covas quando de sua reeleição para governador de São Paulo em novembro de 1998).

Covas nunca deixou de declarar sua condição de Maçom. No exercício do cargo que ocupava, sempre contribuiu no que foi possível para obras maçônicas, como aconteceu com o Hospital de Base de Bauru, dirigido pela Maçonaria local e tido como referência nacional em termos de saúde hospitalar. Nos dois períodos em que esteve à frente do governo do Estado, Covas destinou verbas substanciais de ajuda ao hospital.

O longo período de Covas na vida pública foi marcado pela cassação de seus direitos políticos por dez anos imposta pelo regime militar em 1969, em decorrência de, no final do ano anterior, dezembro, liderar os deputados federais que negaram pedido de licença do Governo Federal à Câmara para processar o Deputado Márcio Moreira Alves, acusado pelos militares de fazer um discurso ofensivo às Forças Armadas.

Nesta fase de sua vida, foi preso duas vezes, a primeira ainda em 68 pelo Exército, solto dias depois, na véspera do Natal. Mas em janeiro de 69 foi novamente preso e passou dez dias num quartel da Aeronáutica, em São Paulo. Por essa época pertencia ao MDB.

Covas só teve seus direitos políticos recuperados em 16 de janeiro de 1976, após os dez anos da cassação. Daí para a frente foi uma carreira de ascensão política que incluía o Palácio do Planalto, um sonho que não foi possível realizar. Vestir um pijama, calçar um confortável chinelo, desfrutar o aconchego da família e se afastar da vida pública era pensamento distante do Irm∴ Covas, cuja vida de dificuldade começa ainda jovem, com a separação dos pais e depois com a perda da segunda filha, Sílvia, que, aos 19 anos morreu num choque da moto em que viajava, na companhia do amigo José Luiz da Silva, que também morreu no acidente, na estrada Bertioga-Guarujá, no Reveillon de 1976.

Mário Covas Júnior nasceu em Santos em 21 de abril de 1930, filho de Mário Covas e Arminda Carneiro Covas, uma família abastada de Santos. Seu pai era um comerciante de café. Era casado com a Cunhada Florinda Gomes, carinhosamente chamada pelos familiares e amigos de Lila. Deixa os dois filhos, Renata Covas Lopes e Mário Covas Neto, o Zuzinha.

***Reconhecimento** – Ter o reconhecimento de seus Irmãos de Ordem, pelo homem de caráter que foi, não é surpresa.*

Obter a unanimidade da classe política – correligionários e adversários – e imprensa nacional, é coisa para poucos. Mário Covas foi essa exceção. E foi por causa da conduta ética na vida particular e no desempenho de cargos políticos, decorrência natural de sua formação, merecendo do Estadão este reconhecimento. Não há notícia, em toda a sua carreira política, em tempo algum, de acusações de andar por caminhos torpes, como o da corrupção.

Transcrevemos aqui as palavras inicias do feliz editorial do jornal O Estado de São Paulo que, no seu final, exorta a que o exemplo do Irm∴ Covas prospere no País.

"O Brasil tem políticos honestos, que não desviam dinheiro público em benefício próprio, de suas famílias ou dos apaniguados. Tem também políticos coerentes, que acreditam que os seus atos devem corresponder aos seus discursos, apesar do preço às vezes elevado a pagar por essa coerência. O Brasil tem ainda políticos sinceros, propensos por temperamento e formação a dizer o que pensam

e avessos à prática seguida pela quase totalidade dos colegas de ofício, de usar as palavras para esconder os pensamentos.

Se, isoladamente, essas características já são pouco usuais – para dizer o menos – no universo da política nacional, muitíssimo mais raro é encontrá-las reunidas numa figura pública. Mário Covas era um desses casos raros – e essa incomum conjugação de honestidade, coerência e franqueza decerto foi o traço singular de sua trajetória, a marca indelével do político e administrador que o País acaba de perder".

∴

GM MANIFESTA SOLIDARIEDADE A D. LILA COVAS

No difícil instante em que o povo brasileiro lamenta a perda do Governador Mário Covas Júnior, a Grande Loja Maçônica do Estado de S. Paulo vem trazer à sua digníssima esposa, filhos e demais familiares o seu sentimento mais profundo de solidariedade.

Perde a sociedade a presença de um homem idealista, digno e leal, cidadão íntegro, sendo sua vida distinguida pela competência pública e de chefe de família.

Perde a nação brasileira um exemplo de cidadania e ética, político de atitudes coerentes e um estadista notável, virtudes que marcaram sua passagem nas constantes lutas ao nosso lado pela conquista da plenitude democrática, pelo respeito, por justiça social e por um país livre e independente.

Perde a Instituição Maçônica um respeitável Irmão, que jamais abandonou nossos princípios de aprimoramento do homem, pela justiça, pela liberdade, pela igualdade, ideais de um Maçom justo e fraterno.

Que a paz do Grande Arquiteto do Universo, nosso pai maior, reine nos corações de seus familiares e que os conforte na excelência do amor fraternal.

GLESP DECRETA LUTO OFICIAL POR SETE DIAS

Salim Zugaib, Sereníssimo Grão-Mestre da Grande Loja Maçônica do Estado de São Paulo, usando das atribuições que lhe são conferidas pela Legislação Maçônica,

Considerando o alto espírito público do homem Maçom Iniciado em nossos Augustos Mistérios em 29 de abril de 1967, na Loja "XV de Novembro Nº 38", Santos;

Considerando o político exemplar, o defenso do direito e da justiça, com reconhecidos méritos como Prefeito,

CARLOS EDUARDO / AJB

O Presidente FHC e Lila Covas, no adeus ao governador

Deputado, Senador e Governador do Estado de São Paulo;

Considerando a honradez e a dignidade do líder democrático autêntico, digno de admiração e respeito pelos seus pares e adversários políticos;

Considerando a competência do chefe de família, do idealista, sonhador e patriota homem de bem, correto no pensar e equilibrado no fazer.

Resolve

Art. 1º) Determinar Luto Oficial por 7 (sete) dias em toda a jurisdição da Grande Loja Maçônica de São Paulo, sem suspensão dos Trabalhos das RResp∴ Lojas;

Art. 2º) Considerar esse ato como justa homenagem ao Irmão Mário Covas Júnior no momento de seu retorno ao Oriente Eterno.

A Grande Secretaria de Relações Interiores é incumbida do registro e divulgação deste Ato.

Dado e traçado no Grão-Mestrado da Grande Loja Maçônica do Estado de São Paulo, aos 6 dias do mês de março de 2001 E. V.

Texto extraído da Revista Maçônica "A VERDADE", de março/abril, do ano 2001, nº 423, Ano 50.

Alguém, desses que sempre têm um motivo para fazer um comentário desairoso, poderá argumentar:

> *Isso tudo o que vimos depois da morte de **Mário Covas**, não passa de bajulação a um político que se saiu bem sem apelar para a corrupção. Na verdade, ele nunca se interessou pela Maçonaria.*

E é aí que o Irmão se engana, porque **Mário Covas**, mesmo placetado, sem mais compromissos com a Ordem Maçônica, nunca deixou de se interessar pela Maçonaria. Em 1999, quando da Abertura da **"Conferência Mundial das Grandes Lojas"**, realizada no Memorial da América Latina, em São Paulo, lá estava o Irm∴ **Mário Covas**, Governador do Estado, acompanhado pelo Grão-Mestre Salim Zugaib.

Mas, se isso tudo não for suficiente, vamos retroceder 18 anos no tempo – ano de 1983 – quando **Mário Covas** era Secretário dos Transportes, do Governo Franco Montoro.

Nesse mesmo ano ele é nomeado Prefeito (Biônico) da cidade de São Paulo. É bom lembrar também que ele estava casado, politicamente, até poucos anos atrás. Pois bem, é só prestar atenção na leitura do Discurso proferido pelo Maçom **Mário Covas**, no dia do Maçom, 20 de agosto de 1983. E Mário Covas, como todo bom Maçom, que não conhece bem a História da Maçonaria, embarcou na Canoa Furada, do 20 de agosto.

Na Grande Loja Maçônica de São Paulo, o governador Mário Covas compareceu várias vezes, como durante a campanha pela reeleição em 1998, quando foi recebido pelo GM Salim Zugaib

DISCURSO

OS IDEAIS MAÇONS NO DISCURSO DO PREFEITO IRM∴ MÁRIO COVAS

Sereníssimo Grão-Mestre

Digníssimo Representante do Comando do II Exército

Minhas Senhoras – Meus Senhores – Meus Caros Irmãos:

Essa data tem, para a família maçônica, um significado especial. A Instituição que, tradicionalmente, encaminha, discute e decide a respeito dos seus caminhos, segundo mecanismos que ampliam o tempo desta decisão, tem, no perfil de sua história, alguns instantes que, o seu vínculo e sua ânsia no exercício dos seus ideais, a fizeram antepor-se à realidade mais geral. ***O dia 20 de agosto é o Dia do Maçom, porque, a 20 de agosto de 1822, antes mesmo que, a 7 de setembro, se consagrasse perante a Nação, a sua expressiva Independência política, já, em Loja, por iniciativa de Gonçalves Lêdo, se antecipava a Independência deste País e se a consagrava como fato definitivo.***

E, por isso, esta data está associada, não apenas aos ideais que já à época, como hoje, são sustentados pela Sublime Instituição; já à época, antecipava a busca da Independência do País. E isso é a mesma história, o mesmo perfil, no instante que, pelo retrospecto e pela abalizada palavra dos historiadores, de certa maneira se projetando na intolerância que, em alguns casos, se derramam pelo território nacional, ficaram as tradicionais compensações, pelas quais se tentou sempre

associar a idéia do pedreiro-livre, do carbonário, como homem que, vinculado às suas idéias, comprometido com os seus ideais, incapaz de rejeitar os seus compromissos, se antecipou numa série de eventos históricos da nossa trajetória, como fonte permanente de afirmação. E, esta Cidade, e, não foi sem razão que isto aconteceu, houve por bem consagrar, nesta Praça, um monumento que traduz, de forma monolítica, até mesmo na sua formação, os vocábulos e os conceitos tradicionais, que têm conduzido a Sublime Instituição no rumo dos seus objetivos.

Ali estão três vocábulos que, aparentemente, podem ser usados isoladamente, mas que só têm conteúdo definitivo; só têm significado mais profundo, na medida em que irmanados e conjugados entre si.

É possível que cada um de nós entenda o significado de Liberdade; sem dúvida, cada um de nós é capaz de compreender, de isolar e de exprimir o significado da Igualdade; assim como não será difícil a ninguém traduzir, em outros vocábulos, o conteúdo da palavra Fraternidade. Mas, seguramente, e, por isso volto a insistir, não foi sem razão que, nesta Praça, e, sobretudo, nesta Cidade, se instalasse, no bloco de pedra, esses três vocábulos, que caminham juntos e que têm conteúdo, na medida em que irmanados – vinculados entre si.

Liberdade, como busca o horizonte desta Cidade, que se desdobra no abrigo dos seus nove milhões de moradores; que se derrama e se distribui, neste contraste, que faz com que se meça a distância do seu centro à sua periferia, não apenas em quilômetros, mas, sobretudo, em distância social. Liberdade pela abertura dos seus horizontes; pela conquista do espaço físico; pelo papel que o Paulista e Paulistano representou na conquista deste Estado, na conquista deste País.

Igualdade, que hoje se busca; que hoje se busca mais do que nunca, na medida em que se constata e, se constata nesta Cidade, com toda a sua energia potencial, que ninguém lhe deixa de reconhecer e que é uma presença a traduzir o seu perfil histórico. Igualdade, violentada pelo profundo débito social que aqui existe, mas, sobretudo, Fraternidade, que há de ser o vocábulo tradutor do instrumento pelo qual aquela Liberdade será estendida; será alargada, e, será alargada exatamente para que, com ela, a Igualdade apareça nítida; apareça clara. Por isso volto a insistir, não foi sem razão que São Paulo, como que a olhar para dentro de si própria, aqui, nesta Praça, procurou traduzir, naqueles três vocábulos, naqueles três conceitos, na sua inter-relação não apenas a história de uma Instituição, que, ao longo da sua vida, teve uma íntima ligação com todos os eventos ligados à soberania deste País, mas, também, porque estes mesmos conceitos são encontrados, e, cada vez mais, na própria história desta cidade. E, são eles, como de resto o são na própria Instituição; são eles, objetivos também a serem aqui aclamados. Por isso, nesta manhã, nesta cidade, nesta praça, e, exatamente sobre o horizonte destes três conceitos, aqui se comemora o Dia do Maçom, ou o dia em que, a nível de Sublime Instituição, se antecipava a Independência deste País. E, esta Independência, que nos situa cada vez mais, que nos converge cada vez mais, para a afirmação da nossa soberania; que nos converge cada vez mais, para o reconhecimento e a proclamação tal qual numa antevisão aqui já repetida; aqui lida, na expressão de Rui Barbosa, que nos antecipa, cada vez mais, que esse imenso território é, foi e há de ser propriedade dos seus cento e vinte milhões de brasileiros; que nos antecipa e nos esclarece, à evidência, de que só há uma fonte legítima de poder, e, esta fonte nasce exatamente neste povo de 120 milhões de pessoas, e, que tudo isto há de inspirar um conceito, onde a Liberdade é gêmea da Igualdade; a Liberdade que tem significado tão maior quanto nela se repousa a idéia de que ali se busca a Igualdade; e, que, ambas, passam a ter significado e sentido, na medida em que a ferramenta para obtê-la seja exatamente a Fraternidade, que nasce da solidariedade; do fato de reconhecermos que cada ser humano, homem ou mulher, tenha uma dignidade a ser preservada; este conjunto de conceitos, parte da história da própria

Instituição Maçônica, é, também, sem dúvida nenhuma, razão e objeto; causa e efeito; fonte e objetivo das aspirações que moram nesta comunidade. E, por isso, em nome desta própria comunidade; em nome destes nove milhões de habitantes; em nome das aspirações, sintetizadas e traduzidas por este conjunto de vocábulos, é que, nesta manhã, o Prefeito de São Paulo, em nome de todos os Paulistanos, saúda a todos os Irmãos Maçons, à Sublime Instituição, e, tem a convicção, a certeza e a proclama, de que a Instituição Maçônica tem, no futuro próximo e remoto, um enorme papel a desempenhar na liberdade que, finalmente, se fará; na Independência que, seguramente, sob todos os ângulos, se conquistará, e, na definitiva, irrevogável e na irretorquível configuração de que, a cada dia que passa, estes cento e vinte milhões de brasileiros consolidam a sua posição de legítimos autênticos e únicos proprietários deste imenso País.

∴

Agora, vamos esperar que algum Irm∴, ou Profano, escreva uma Biografia do Irm∴ **Mário Covas**, para ficar, para sempre, registrado seu nome, entre os grandes personagens da História Política do Brasil.

CONCLUSÃO

Vamos encerrar esta pequena Biografia do Grande Irmão **Mário Covas Júnior**, pedindo desculpas à Cunhada LILA, e aos Sobrinhos Renata e Covas Neto, o Zuzinha, pela minha falta de talento, em dar ao Irm∴ Covas o destaque que ele merecia. E agradecer à **Folha de São Paulo**, à Revista **"A VERDADE"**, à Revista **"VEJA"**, à Revista Maçônica **"LUZ DO ORIENTE"**, da Loja "15 de Novembro", de Santos, onde fui buscar a base para este pequeno Trabalho.

Peço desculpas, também, aos Irmãos Leitores, por eu inserir muitas opiniões pessoais, minhas, no bojo deste Trabalho. É um péssimo costume que tenho, de aproveitar todas as oportunidades, para destilar as minhas críticas e ironias sobre aqueles que, mesmo sem querer, acabam por denegrir a nossa Sublime Ordem.

Mas, como não pretendo nada mais que deixar um Registro, para o futuro, para os nossos IIrm∴ que virão, pois os Maçons de hoje, assim como eu, leram em jornais e revistas, maçônicas e profanas, todos os acontecimentos – de antes e após a morte – do Irm∴ **Mário Covas**. Mas, jornais e revistas costuma-se jogá-los no lixo, assim que chega o número seguinte; o livro, não. O livro permanece nas prateleiras das Bibliotecas das Lojas e nas estantes dos IIrm∴, juntando poeira e traças. Mas, ficam para servir de guia, de pesquisas para outros que, também, se interessam pela História, bonita, da Maçonaria.

Eu acredito que, do meu jeito, ao meu modo, fiz a minha parte – não atirei pedras, e nem joguei flores, desnecessariamente.

Se os nossos IIrm∴ gostarem destes Trabalhos, neste livro, eu continuarei. Se não gostarem, ficarei por aqui. Mas, como os IIrm∴ receberam muito bem os dois primeiros Volumes, acredito que vão gostar deste, também.

Não são grandes obras, mas são obras que merecem ser lidas e divulgadas, pois são as vidas de IIrm∴ que se destacaram no mundo em que viveram.

Morivalde Calvet Fagundes

1912 – 2000

No primeiro Trabalho desta COLETÂNEA, eu falei de um General muito importante para o Mundo Maçônico – o **GENERAL ITALIANO GIUSEPPE GARIBALDI**, que chegou a Grão-Mestre do Grande Oriente da Itália. Pois bem, agora vamos falar de outro GENERAL (MAÇOM) assim como Garibaldi, que, também, chegou a Grão-Mestre de uma Grande Loja do Rio de Janeiro – estamos falando do **GENERAL MORIVALDE CALVET FAGUNDES**. Só que este é brasileiro, e gaúcho. E, também, muito importante para Maçonaria Brasileira.

Quando eu escrevi, em "A TROLHA", uma série de Trabalhos intitulados **"QUEM É QUEM**

NA MAÇONARIA BRASILEIRA", escrevi uma pequena Biografia sobre o Irm∴ e amigo **Morivalde Calvet Fagundes**. Agora, neste livro, vou ampliar, um pouco mais, essa Biografia. Quando escrevi, na revista, ele ainda estava vivo, entre nós. Hoje ele é só uma lembrança, uma Grande, Imensa Saudade.

Eu conheci o General Calvet, em março de 1981, quando ele promoveu o **"1º ENCONTRO INTERNACIONAL DA ACADEMIA BRASILEIRA MAÇÔNICA DE LETRAS"**, no Rio de Janeiro.

Eu já era Membro Correspondente, e foi o meu primeiro contato com a Elite pensante da Maçonaria. É verdade que eu já conhecia o Theobaldo Varoli Filho; o Itiram Délio Santana, e o José Castellani. Mas, nesse Encontro, fiquei conhecendo o General, o Álvaro Palmeira; o Alcebíades Lappas, da Argentina; os Padres Benimeli e Alberton; o Vanildo de Senna[1]; o Braz Consenza; o André Chedel (da Suíça); o Aldo Alexandre Molla (Itália); o Jacques Marx (da Bélgica); o Ernesto Guerrini (do Uruguai); o Carlos Dienstbach; o Adauto Barreto da Silva Nen; o Antonio Carlos Barbosa Tavares; o Victor Wein; e o Murilo Fernandes Gandra.

Para o Xico, caipira da Barranca do Rio Paranapanema, que não conhecia nada além de Paraná e São Paulo, foi um deslumbramento. Foi o despertar de um Mundo Novo, dentro da velha e querida Maçonaria. E lá estava o Xico, com um exemplar de "A TROLHA", nº 12, debaixo do braço, e uma centena de revistas já distribuídas aos presentes ao Encontro. E foi assim que conheci o velho e querido **General Morivalde Calvet.**

DADOS PROFANOS DO GENERAL CALVET

Ele nasceu em 30 de março de 1912, na Capital Gaúcha – Porto Alegre – sendo o 4º filho de Antonio **Lôbo da Costa** Fagundes e Dona Maria Calvet Fagundes – ambos naturais de Pelotas – RS.

Matriculado no **Colégio Anchieta**, dos Padres Jesuítas, de Porto Alegre, fez o curso Ginásio e Colegial, trancando a matrícula em 1928, para dedicar-se ao Comércio, onde trabalhou por algum tempo, como balconista, num Armazém de seu tio. Vendo que essa não era sua vocação, saiu do armazém e **"ASSENTOU PRAÇA"**, como se dizia na época, sendo logo promovido a CABO, em 1931, e, um ano após, em 1932, foi promovido a 3º SARGENTO FURRIEL. O Curso Secundário, ele só veio a completar no Rio de Janeiro, muitos anos depois, já como Oficial do Exército, devido as sucessivas alterações havidas na Legislação pertinente.

O Irm∴ **Morivalde Calvet Fagundes**, não foi nenhum Garibaldi, na carreira Militar que abraçou, ainda mocinho de 19 anos. Mas fez o suficiente para ir galgando Postos e Patentes, até chegar no Pináculo da Carreira Militar – GENERAL.

Em 1937, casa-se com a bela jovem, NADY DUARTE RODRIGUES, de cujo casamento nasceram três filhos.

Dois anos antes, em 1935, estréia no mundo das Letras e no Jornalismo publicando, no jornal "CORREIO DE SÃO LEOPOLDO", dez artigos, e mais sete no ano seguinte. E daí por diante, não parou mais. Só a morte o deteve, em 23 de junho de 2000.

Ele que ingressara, como Soldado, no Exército, em 1931, após 34 anos de Carreira Militar, e de vida na caserna, e após galgar todos os postos da Hierarquia Militar, até chegr ao Generalato, em 1965, despe a Farda Gloriosa e se mete dentro de um pijama listrado e ingressa na Reserva, do Exército Brasileiro.

Como Militar, ainda no início da carreira, participou da Campanha de 1932, contra o Movimento sedicioso de São Paulo.

Esse Movimento Sedicioso teve início no dia 9 de julho de 1932, em São Paulo, contra alguns Atos Inconstitucionais do Governo Getúlio Vargas, que tinha assumido o Governo Brasileiro, na crista de uma **Revolução**, dois anos antes (1930), conhecida como a **Revolução dos Tenentes**, ou Revolução "TENENTISTA". Revolução esta, que tivera início em 1922, com a Revolta dos "18 DO FORTE DE COPACABANA", onde se destacou e tombou ferido, o nosso Irm∴ Siqueira Campos. E teve continuidade no levante de **Isidoro Lopes** e Miguel Costa, em 1924, seguindo em frente com a **Coluna Prestes**, desembocando, na Revolução de 1930, com a tomada do Poder, pelo **Tenente Getúlio Dorneles Vargas**.

De 1954 a 1956, **Morivalde** foi o Comandante da **6ª Companhia da Intendência**, sediada na Capital – Porto Alegre. Mas, antes disso, ainda em 1924, já como Major do Exército, o ainda Profano – ele Ingressaria na Maçonaria, três anos mais tarde – **Morivalde Calvet Fagundes** concluiu o **Curso de Serviço de Intendência**. Em 1950, o Curso de Classificação de Pessoal; em 1957, o de Aperfeiçoamento de Oficiais e tendo permanecido nesse setor, como Instrutor da Escola; e Chefe de Serviços na Escola de Comando do estado Maior do Exército, até 1962.

O **General Morivalde Calvet Fagundes**, é portador das Medalhas de **Bronze**, **Prata** e **Ouro**, por bons serviços prestados ao Exército Brasileiro, além da Medalha de **PACIFICADOR**. Ainda, dentro da Carreira Militar, ele realizou estágio na **EBAP (Escola Brasileira de Administração Pública)**, da Fundação Getúlio Vargas. Foi um dos fundadores do PECÚLIO – PENSA-COIFA – ficando como Presidente da Entidade até 1965, ano em que ele passou para a Reserva.

É bem verdade que esta Biografia está muito concentrada, muito encolhida, muito sintetizada. Como colocar 35 anos de uma brilhante Carreira Militar, em três ou quatro páginas de um livro? É humananmente impossível. Que nos perdoem seus parentes e amigos, por escrevermos tão pouco sobre o soldado que foi, mesmo porque, o que mais nos interessa é o que ele foi como Maçom.

Garibaldi foi mais famoso como Soldado, como Guerrilheiro, como Carbonário.

Calvet já, por sua vez, mais Literato, mais Poeta, mais Maçom. E o Título deste livro é: **"GALERIA DE MAÇONS FAMOSOS"**; assim sendo **Morivalde Calvet Fagundes** se enquadra, muito bem, nessa linha de conduta. Cada um, em sua especialidade, foi um orgulho permanente para os Maçons e a Maçonaria Brasileira.

Esse Gaúcho, que se alongou para o Rio de Janeiro, e que, recentemente, nos abandonou, indo cavalgar tranqüilo, na mansidão das Coxilhas do Céu, que não deve ser muito diferente das Coxilhas do Rio Grande do Sul, a sua bela e querida terra natal, merece um bom biógrafo, que, talvez, pode ser seu próprio filho – o Irm∴ **Fernando Calvet Fagundes**, que sabe tudo sobre seu Pai, pois conviveu com ele, durante o maior tempo de sua vida e, que, também, tem o dom de escrever.

Da sua tendência literária, é fácil compreender a origem. Ele é descendente de um Grande Poeta Gaúcho, LÔBO DA COSTA. Como vimos, seu pai de chamava Antônio Lôbo da Costa Fagundes. E o poeta Lôbo da Costa também foi Maçom; portanto, descendente de

Poeta e Maçom, só poderia dar no que deu. Um General, um Poeta, um Maçom.

Meu Ingresso na **"ORDEM DOS JORNALISTAS DO BRASIL"**, eu devo a ele. Meus Três Padrinhos **JOAQUIM INOJOSA (Maçom); VENÂNCIO IGREJAS (Maçom)** e **MORIVALDE CALVET FAGUNDES (Maçom)**. Meu Ingresso na ACADEMIA BRASILEIRA MAÇÔNICA DE LETRAS, também, devo ao **Velho General Morivalde Calvet Fagundes**. Portanto, creio que não estou prestando nenhum favor, e nem procurando fazer nome, em cima de um nome famoso. Estou só devolvendo um pouquinho do muito que ele me deu.

E fiz isso quando ele era vivo, também, através do "Quem é Quem", na "A TROLHA", nº 38, páginas 62, 63 e 64. E, também, às páginas 39, 40 e 41, do nº 33, de "A TROLHA".

Suas **Obras Profanas**, são:

LIVROS:

"LÔBO DA COSTA" – Ascensão e Declínio de um Poeta
Editora Sulina – Porto Alegre – 1954
"ESTÓRIA DA FIGUEIRA MARCADA"
Edição particular – 1961
"HISTÓRIA DA REVOLUÇÃO FARROUPILHA"
Editora Aurora – 1984
"A BANDEIRA DO BRASIL COMO SÍMBOLO DA PÁTRIA"
Editora Aurora – 1982

TRABALHOS, ARTIGOS E PALESTRAS PROFANAS

Publicados no "Correio de S. Leopoldo", de São Leopoldo, Rio Grande do Sul

1	– A Seleção Monetária	15/2/1935
2	– A Felicidade	15/3/1935
3	– Liberdade e Obediência	idem
4	– Ilusões	22/3/1935
5	– Grandeza e Decadência dos Velhos	26/4/1935
6	– Self – Made – Men	26/4/1935
7	– Fome e Amor	17/5/1935
8	– Nós e o Destino	21/6/1935

9 – No Mundo das Religiões	26/7/1935
10 – Apostolado da Paz	25/10/1935

Na **"GAZETA MILITAR"** de Porto Alegre

11 – A Dignidade	11/1935
12 – O Sonho dos Fardados	27/5/1936
13 – O Livro mais Importante do Planeta	19/6/1936
14 – Nassau e o Brasil	3/7/1936
15 – A História	25/7/1936
16 – O Ensino no Brasil	20/8/1936
17 – Para que Vivemos?	18/9/1936
18 – Carta Aberta a João Cavalcanti da Silva Filho	21/11/1936
19 – Meio Século Após	1/1/1938
20 – A Verdade sobre Lôbo da Costa	18/6/1938
21 – Gen. Daltro Filho	1/1/1939
22 – Lôbo da Costa	19/6/1939
23 – Confissões de um Romancista	22/7/1939

24 – Conf. sobre "E o Vento Levou" 1940
25 – Ídolos da Pena 1940
26 – "... E o Vento Levou" 8/1/1941
27 – O Estado Novo 1941
28 – Conferência, na Escola de Intendência do Exército, em 25/5/1941, sobre a Batalha do Tuiuti, promovida pelo Grêmio Literário da Escola.
29 – Oração pela turma da Escola de Intendência do Exército, na formatura realizada em 13/10/1942, no Palácio Tiradentes, no Rio de Janeiro.
30 – Artigo no Correio de São Leopoldo, RS, em 16/1/1943, sobre o Problema da Energia Dirigida.
31 – Idem idem, em 6/2/1943, sobre o espírito de Cairu.
32 – Conferência, em 22/2/1932, no Teatro Independência, em São Leopoldo, RS, perante uma assistência de 1.000 pessoas, sobre o Centenário de Visconde de Taunay, promovida pela Liga de Defesa Nacional.
33 – Conferência em 21/4/1943, na Sociedade Ginástica, em São Leopoldo, RS, sobre "Tiradentes e o Espírito Nacionalista".
34 – Aula sobre "O Reprovisionamento na Ofensiva", no 8º Batalhão de Caçadores, em São Leopoldo, RS, para oficiais.
35 – Artigo no Correio de São Leopoldo, RS, em 25/12/1943, sobre "A Verdade na Filosofia".
36 – Conferência no Teatro Independência, de São Leopoldo, RS, sobre o Visconde de Pelotas, em 17/2/1944.
37 – Conferência no Clube Riograndense, de São Leopoldo, RS, sobre Tiradentes, em 19/4/1944.
38 – Discurso no Largo da Prefeitura, de São Leopoldo, RS, em 31/8/1944, sob o título "Evocação do Fogo Simbólico da Pátria", promovido pela Liga de Defesa Nacional.
39 – Escrevo a Ordem do Dia do Boletim do Dia da Bandeira, em 19/10/1944.
40 – Discurso sobre o Dia do Reservista, em 19/12/1944, no Quartel do 8º Batalhão de Caçadores, em São Leopoldo, RS.
41 – Saudação de Natal, no Refeitório dos Praças do 8º Batalhão de Caçadores, em São Leopoldo, RS, em 23/12/1944.
42 – Discurso de despedida aos sargentos do 8º Batalhão de Caçadores, em São Leopoldo, RS, na Sociedade Ginástica, por motivo de transferência, em 8/1/1945.

43 – Artigo no Boletim do Estabelecimento Regional de Finanças, em 1945, sobre o Centenário do Barão do Rio Branco.
44 – Idem, idem, sobre o Dia do Trabalho.
45 – Idem, idem, sobre o Aniversário do Estabelecimento, em 10/4/1945.
46 – Idem, idem, sobre o Dia do Soldado, em 25/8/1945.
47 – Idem, idem, sobre o General Sousa Docca, em 1946.
48 – Palestra sobre a Independência do Brasil, em 1947, em Quaraí, RS, no quartel do 5º Regimento de Cavalaria.
49 – Idem no mesmo quartel, em 1948, sobre o compromisso dos recrutas.
50 – Conferência na Escola Normal de Quaraí, sobre o Dia do Professor, em 1948.
51 – Palestra, no quartel do 5º Regimento de Cavalaria, sobre o tema: "Espiritualismo versus Materialismo", em 1948.
52 – Idem sobre a Questão do Petróleo, em 1948.
53 – Idem, sobre os Benefícios da Democracia, em 1949.
54 – Artigo publicado em agosto de 1951, na Revista Militar, do Rio de Janeiro, sobre a Questão do Ensino.
55 – Soneto em louvor à cidade de Quaraí, RS, publicado no Jornal da Fronteira, da mesma cidade, em 3/9/1949.
56 – Versos glosando um mote, premiados pela Rádio Tupy, do Rio de Janeiro, em 1949.
57 – Versos em louvor do Futebol, no Jornal da Fronteira, de Quaraí, RS, em 13/8/1949.
58 – Soneto "Yara", publicado no Boletim do COIFA, em 13/8/1949.
59 – Soneto sobre a Vida Militar, publicado em Quaraí, em 19/7/1949.
60 – Palestra sobre Noções de Psicologia Militar, pronunciada em Porto Alegre, RS, no Estabelecimento Regional de Material de Intendência, em 1953.

Em 1953, começa a escrever para o CORREIO DO POVO, o jornal de maior circulação no Estado do RS e segue pelos anos de 1954, 1956 e 1957.

61 – Em 1953, começa a colaborar com o Correio do Povo, de Porto Alegre, RS, o jornal mais antigo e de maior tiragem do Rio Grande do Sul, com uma coluna dominical de crítica literária e crônicas, permanecendo pelos anos de 1954, 1956 e 1957, reaparecendo em 1965 e 1966.

62 – Idem, em 20/8/1953, com o artigo "Mentiras da História".
63 – Idem, em 13/9/1953, com o artigo "A propósito de Lôbo da Costa".
64 – Fundação, Povoamento e Colonização de Porto Alegre, Correio do Povo, 8/12/1953.
65 – O Irmão Livramento, Correio do Povo, em 27/10/1953.
66 – Coluna de Crítica, Correio do Povo, 2/6, 29/6 e 28/7/1956.
67 – Aniversário do Est. Reg. Mat. Int/3, em 1/1/1951.
68 – A Questão do Ensino, artigo no Estado do Rio Grande, 31/5/1951.
69 – Sousa Docca, artigo no Bol. Informativo do C. M. P. A., em outubro de 1953.
70 – Lôbo da Costa e as Questões Sociais, Correio de São Leopoldo, 10/11/1952.
71 – Flâmula da 6ª Cia. de Int., artigo em 7/4/1954, no Bol. da Cia.
72 – Oração às Debutantes, discurso no Circ. Mil. de Porto Alegre, em 1953, 1954 e 1955.
73 – Psicologia Militar – O caráter, artigo no Bol. Mensal do C. M. V., Rio de Janeiro, em 1957.
74 – Medida da Personalidade, idem, idem.
75 – Soneto "A Riqueza", no Bol. do COIFA, de 1960, Rio de Janeiro.
76 – A Administração Militar – Centralização x Descentralização, na Revista da Intendência, de mai.-jun., 1961.
77 – Métodos de Psicologia Militar, idem, idem.
78 – A Administração do Pessoal no Exército – idem, set.-out., 1962.
79 – Os desajustamentos e assistência social – idem, jan.-fev., 1962.
80 – A Administração Militar americana e a nossa, idem, 21/5/1961.
81 – A Administração e as Forças Armadas, na Defesa Nacional, abril de 1961.

82 – De Sócrates a Esceme – artigo de 1962, na Ver. do COIFA.
83 – Soneto Final, na Revista do COIFA, de 1963.
84 – Soneto Bodas de Prata, no Bol. do COIFA, 1º Trim., de 1963.
85 – Artigo "Um Dia no CCEMC da Marinha de Guerra", idem 1963.
86 – Grão-Pará, artigo na Folha do Norte, em 16/2, 23/2 e 1/3/1964, em Belém do Pará.
87 – Novos Conceitos de Crítica Literária, artigo na Província do Pará, Belém, em 15/3/1964.
88 – O Regionalismo na Literatura – na Prov. do Pará, em 8/3/1964.
89 – Fascínio da Terra e da Gente Amazonenses, artigo na Folha do Norte, de Belém do Pará, em 15/3/1964.
90 – O Seringueiro no Regionalismo Amazônico, artigo na Prov. do Pará, em 30/3/1964.
91 – Lôbo da Costa em Goiás, artigo no Correio do Povo, de Porto Alegre, RS, em 16/7/65 e 19/9/65.

∴

Do que pude coletar, com a ajuda do próprio General, foi isso. É muito pouco, quando se compara com a vida do General **Giuseppe Garibaldi**, mas é muito comparado com uma penca de Generais **toupeiras**, que se conhece, ao longo da nossa História, mas esses não fazem parte do nosso Mundo Maçônico, que é a que mais nos interessa, na confecção desta pequena Biografia.

Um dia, surgirá um biógrafo de verdade, não um simples arremedo, como o Xico Trolha, que levantará todos os dados, como ele fez, com os Documentos da Loja "ROCHA NEGRA", e fará uma Biografia à altura do Biografado.

Este meu Trabalho, é só para torná-lo mais conhecido, entre os meus queridos e fiéis leitores.

O MORIVALDE CALVET MAÇOM

Para falar sobre o **Morivalde, Maçom**, vou passar a bola para o, também, saudoso Irmão **Nicola Aslan**, seu Irmão e amigo dileto, que escreveu, na Abertura de seu livro **"A MAÇONARIA E AS FORÇAS SECRETAS DA REVOLUÇÃO"**, publicado pela "Editora MAÇÔNICA", em junho de 1975:

APRESENTAÇÃO

Os inumeráveis caminhos, pelos quais transitam os seres humanos, cruzam-se, às vezes, ou seguem paralelos, outras. Surpreendentes e inesperados acasos, interferindo no destino dos homens, promovem simpatias e antipatias incompreensíveis, ou produzem amizades inexplicáveis e inimizades espontâneas, numa permanente e interminável seqüência.

*Uma carta escrita a "O GLOBO", por um eclesiástico[2], que, posteriormente, tornou-se um grande amigo nosso, e, qual carta, respondemos simultaneamente, foi o ponto em que se cruzaram a do Autor (**Morivalde Calvet Fagundes**) e a do Apresentador desta Obra (**Nicola Aslan**). E desse imprevisto cruzamento, nasceram estima mútua e grande Amizade, produzindo, em breve, frutos sazonados e saborosos.*

*E assim, no ano passado (1974), o General **Morivalde Calvet Fagundes**, foi o Apresentador do nosso **"GRANDE DICIONÁRIO ENCICLOPÉDICO DE MAÇONARIA E SIMBOLOGIA"**, pelo qual envidou todos os esforços para que o mesmo fosse editado. Hoje, ele concede-nos a honra de sermos o Apresentador do seu livro **"A MAÇONARIA E AS FORÇAS SECRETAS DA REVOLUÇÃO"**,* *no qual ele expõe o modo pelo qual se fez sentir a sua influência no cenário político brasileiro e a participação de* ***Bento Gonçalves da Silva*** (como a História se entrelaça. No primeiro Trabalho deste livro, eu falo sobre Garibaldi, lutando ao lado de **Bento Gonçalves**) *nos acontecimentos que provocaram. Acrescentemos, todavia, que essa grande personalidade histórica é o* ***Patrono da Cadeira nº 1, da "Academia Brasileira Maçônica de Letras"****, ocupada pelo* ***General Morivalde Calvet Fagundes****, criador e dedicado Presidente daquele sodalício, que acaba de celebrar, com muito brilho, o seu terceiro Aniversário.*

Morivalde Calvet Fagundes *nasceu em Porto Alegre, no Rio Grande do Sul, em 30 de março de 1912, sendo o 4º filho de Antônio Lôbo da Costa Fagundes, e de Dona Maria Calvet Fagundes, ambos de Pelotas, também no Rio Grande do Sul.*

(Para não repetir o que já dissemos no início deste Trabalho, vamos dar um pequeno pulo, e ingressarmos no seu *curriculum maçônico.*)

Iniciado na Maçonaria em 9 de março de 1945 (quando morreu, em 23 de junho de 2000, estava, portanto, com 55 anos de Maçonaria), *na Loja Maçônica "BENTO GONÇALVES", do Or∴ de Porto Alegre, jurisdicionada à* ***Grande Loja do Rio Grande do Sul****.*

Morivalde Calvet Fagundes *foi Elevado ao* ***Grau de Companheiro****, em 12 de maio, e Exaltado a* ***Mestre Maçom****, no dia 19 do mesmo mês a ano. Tendo sido Eleito, por unanimidade, a 14 de dezembro de 1945* (carreira maçônica quase tão rápida quanto a de D. Pedro I, que foi Iniciado em 2 de agosto, e Eleito Grão-Mestre no dia 4 de outubro de 1822), *e reeleito, para o mesmo cargo, em 10 de maio de 1946.*

Nos Altos Graus, Calvet foi Iniciado, em 25 de fevereiro de 1946, no ***Sublime Capítulo Rosa-Cruz "LEALDADE"****, de Porto Alegre, e Elevado ao Grau 9, em 22 de abril, do mesmo ano. Em 10 de junho do mesmo ano, ele recebeu os Graus 10, 14, 15 e 18, por ter sido Eleito Poderoso Mestre Aterzata, daquela Oficina Capitular.*

Posteriormente, em 8 de julho de 1946, foi Elevado aos Graus 19 e 30, no "Ilustre Conselho de Cavaleiros Kadosh – MARECHAL DEODORO, também de Porto Alegre.

Em 1954, foi nomeado Grande Orador da Grande Loja do Rio Grande do Sul.

*Transferindo-se para o Rio de Janeiro, **Calvet** filiou-se à Loja "LUIZ DE CAMÕES", da Grande Loja da Guanabara, em 2 de outubro de 1967. Tendo sido nomeado, em 13 de setembro, do ano seguinte, 1968, Diretor do Instituto Maçônico de Altos Estudos (IMAE), daquela Grande Loja, na qual exerceu, logo em seguida, o Cargo de 1º Grande Vigilante.*

*De 1968 a 1970, foi Eleito Presidente do **Consistório** "MÁRIO BEHRING"[3], e, posteriormente, nomeado Grande Tesoureiro Adjunto do Supremo Conselho do Grau 33, para o Brasil e Redator Chefe da Revista **"ASTRÉA"**.*

*Tendo Colado, em outubro de 1968, os Graus 31 e 32, foi Elevado ao **33º**, e **último Grau do Rito Escocês Antigo e Aceito**, em 25 de janeiro de 1969, ao mesmo tempo em que era Eleito Membro Efetivo daquele SUPREMO CONSELHO e nomeado Grande Representante de França e Filipinas.*

*Ao encabeçar o Movimento Maçônico MORALIZADOR, foi Eleito Grão-Mestre, em 28 de outubro de 1970, pelos representantes de 16, das 21 Lojas subordinadas à **Grande Loja da Guanabara**. Em 24 de maio de 1971* (ano da fundação da Revista "A TROLHA"), *ele lançava a Proclamação nº 1, na qual historiava os fatos...*

*Dando início às suas atividades literárias, Morivalde Calvet Fagundes escolhe, para seu terceiro livro, um tema árduo, e por demais complexo: **"A MAÇONARIA E AS FORÇAS SECRETAS DA REVOLUÇÃO"**, o qual, para ser devidamente julgado, requer profundos conhecimentos da História. Para os que não possuem ainda a obra, torna-se fonte inesgotável de informações, a enriquecer o cabedal cultural do leitor – e por ser de fácil e agradável* *leitura, o livro consegue prender a nossa atenção, do princípio ao fim.*

*A obra é honesta e escrita sem **PARTI-PRIS**, porém o tema está sujeito a controvérsia; fica exposto a possíveis incompreensões, por parte daqueles a quem falta o acúmulo de conhecimentos históricos, que se requer do leitor. Eis que o Título poderá dar-lhes a entender que a **REVOLUÇÃO TEVE INÍCIO** com o aparecimento da Maçonaria. Porém, é do conhecimento dos estudiosos da História, que as raízes da REVOLUÇÃO LIBERAL aprofundaram-se na Idade Média, com **Arnaldo da Bréscia, Rienzi, Savonarola**, e outros, e, em sua maioria, eclesiásticos revoltados contra a tirania do próprio **Clero Medieval** e da Santa Sé, e, também, dos poderosos da época. Esforçaram-se, com o sacrifício da própria vida, em aliciar o Povo Magro, contra os desmandos do Povo Gordo. É como explica o autor:*

*"Ao poder temporal da Igreja, e não a ela própria como Religião, é que foi feita, em parte, a **Revolução** dos Tempos Modernos: a **Revolução do Liberalismo**, que, atingindo a tudo, não poderia deixar de atingi-la, como uma porção desse todo".*

*E de fato, não foi contra a Igreja de Cristo, não foi contra a FÉ CRISTÃ, que as **Forças da Revolução** se levantaram: o **CISMA GRECO-ROMANO**, a REFORMA de Lutero e tantos outros, setor Protestante – o Colonialismo, o Anglicanismo, e outras Igrejas que surgiram, em revolta contra Roma; não combateram a Fé Cristã; deram-lhe, porém, interpretação diferente da que impunha a **Roma** Medieval. Insurgiram-se e combateram, com todas as forças, a Igreja Romana Temporal, transformada em refúgio dos segundogênitos da rapinante aristocracia feudal e o bastião sustentáculo do desvairado absolutismo dos Soberanos.*

Esta Igreja Medieval, esquecida da Missão de que se dizia portadora, descarregava contra os seus adversários, fossem eles políticos ou religiosos, simultânea e

indiscriminadamente, o Gládio do Poder Temporal e o Gládio do Poder Espiritual, que detinha em suas mãos.

As palavras de Cristo: ***"Quem com ferro fere, com ferro será ferido"****, não tinham mais sentido para a Teocracia que se instituíra e se impunha, desde a* ***Idade Média****. Com o seu Arsenal de Excomunhões e Inquisições, a Igreja, roída pelo micróbio aristocrático, que nela se infiltrara, tornando-se principalmente Política. Apoiava-se e, por sua vez, servia de apoio ao absolutismo infrene, já inadmissível no Século das Luzes. Devia sofrer, portanto, radicais transformações e voltar a ser única e simplesmente a* ***"CONDUTORA DE ALMAS"****, a fim de justificar a sua Razão de Ser.*

A Revolução Liberal, ao destruir o Poder Temporal dos Papas, trouxe verdadeiro benefício à Igreja, como reconhece, aliás, o Padre Jesuíta – JOSÉ ANTONIO FERRER BENIMELI, em seu Trabalho ***"OS CATÓLICOS E A MAÇONARIA"****, quando diz:*

"Mas, hoje em dia, as coisas mudaram. E não pode negar-se que, em muitos aspectos, foi uma vantagem para a Igreja, que o Papa não continuasse sendo, ao mesmo tempo, Soberano Temporal, de um Estado Italiano.

A Idade Média e a época do Absolutismo só podiam imaginar a Autoridade sob a forma de Soberania.

Naqueles tempos, para que o Papa pudesse ter sua autoridade espiritual, necessitava ser, também, Rei; devia poder apresentar-se diante dos demais príncipes, no mesmo pé de igualdade com eles.

É compreensível que, tanto Pio IX, como Leão XIII, fizessem o possível para manter seu direito. Mas, as coisas haviam mudado na ***Idade Moderna****, ao alterarem-se tão radicalmente as concepções políticas. Para sua Missão, como representantes da* ***Igreja Universal****, já não era de nenhuma utilidade que o Papa atuasse como Presidente ou Monarca Constitucional de um Território Italiano; antes, significava um estorvo. Neste sentido, foram bem expressivas as palavras que o Papa Paulo VI dirigiu, no dia 14 de janeiro de 1964, aos membros da Nobreza e Patriciado Romanos, quando declarou-lhes formalmente que ele já não era o Soberano Temporal em torno do qual se reuniam certas categorias sociais, e que já não eram para eles o que fora ontem. O Papa, acrescentou ele, não pode e nem deve exercer outro poder do que o das Chaves Espirituais".*

O tema escolhido pelo General Calvet é, porém, muito extenso, e refere-se à Igreja somente ***en passant****. Abrange, todavia, a REVOLUÇÃO LIBERAL, em toda a sua extensão; no mundo, na Europa, na América, no Brasil e, no próprio Rio Grande do Sul, terra de nascimento do Autor, o qual apresenta os episódios que lá se desenrolaram, não somente no seu aspecto meramente local, mas ligados ao grande Movimento Liberal que atingiu aquela Província do então Império do Brasil. Segundo o General Calvet, o Laço que Uniu a Revolução Farroupilha à Revolução Liberal, desencadeada no Mundo Ocidental, foi a Maçonaria.*

Essa força, chamada Maçonaria, assumiu, desde o seu aparecimento, dois aspectos diferentes, distintos, que tiveram que se defrontar, quando se empenharam a lutar pelo bem-estar e a felicidade da Humanidade. E ambos tiveram bases políticas.

Na Inglaterra, onde nasceu, a Maçonaria apresentou-se como denominador comum, entre as várias facções políticas e seitas religiosas que lá se defrontavam e entredevoravam.

A Revolução Liberal, do ponto de vista político, já triunfara na Ilha Britânica, desde o Século XVIII, quando os ingleses arrancaram a ***Carta Magna****, à viva Força, a JOÃO-SEM-TERRA; quando, depois, destronaram e decapitaram a Carlos I, e, quando, finalmente, derrubaram, definitivamente, do Trono, a Casa dos Stuarts, na pessoa do católico JAIME II, para substituí-la pelas Casas Reais, dos* ***Orange*** *e dos* ***Hanover****, protestantes.*

Libertando-se da influência dos Papas, campeões olímpicos do ABSOLUTISMO e, ostensivos defensores e protetores dos Stuarts, e, embora, Monarquistas, como se conserva, até hoje, a Inglaterra conseguiu emancipar-se política e religiosamente, e, por isso não teve de passar pelos transes que amarguraram a vida das outras Nações empenhadas em se libertarem dos cancros do Absolutismo e do Colonialismo que lhes sugava a seiva, arruinando-as.

Debatia-se a Inglaterra, contra as paixões dos ânimos exacerbados, por dois séculos de Guerras Civis e Religiosas, que tinham levado o país à mais completa ***Irreligiosidade, Imoralidade*** *e* ***Licenciosidade****. Lá, a Maçonaria assumira a tarefa de pregar a Fraternidade e a Tolerância mútuas, a fim de acalmar as excessivas paixões, políticas e religiosas. Foi ela, portanto, a primeira a lançar a idéia do Ecumenismo, e por causa disso, atraindo sobre si os raios da Roma Absolutista. Para que o espírito de Tolerância e Entendimento pudesse ser conseguido, os Primeiros Regulamentos Maçônicos proibiram, taxativamente, no âmbito das Lojas, o trato de* ***assuntos*** *políticos e religiosos.*

E foi assim que, sendo, embora, a Inglaterra,

marcadamente, Antipapista, a Maçonaria foi a ***única*** *Sociedade a permitir a entrada aos Católicos, privados de seus Direitos Políticos e a conceder-lhes inteira e completa igualdade em sua Organização.*

Mas, se as circunstâncias ambientais permitiram à Maçonaria desempenhar o papel de Pacificadora, na Inglaterra, não havia como fazê-lo em outros países, dominados pelo absolutismo monárquico e eclesiástico, e muito menos, nas colônias subjugadas por dominadores impiedosos, entregues, com azáfama e sofreguidão, ao sistemático saque das riquezas que nelas eram produzidas e, que, também, eram mantidas na dependência intelectual das Metrópoles.

Nesta Revolução Liberal, produto direto da Revolução Intelectual, dos séculos XVII e XVIII, cooperaram, todavia, todas as Classes Sociais e, principalmente, o baixo Clero, que sofria na carne a exploração pelo açambarcamento dos benefícios e dos cargos eclesiásticos, transformados em Monopólio da Alta Nobreza e Alta Clerezia, e, até, da própria nobreza leiga.

A fim de poder auxiliar as provas subjugadas, com mão de ferro, pelas forças da espoliação e do absolutismo, a Maçonaria assumiu, em tais países, um aspecto político e, com outras Sociedades Políticas Secretas, fez parte das "Forças Secretas da Revolução", único recurso possível aos Povos explorados e escravizados.

Com invulgar Maestria, o General Morivalde Calvet Fagundes revela, no seu livro **"A MAÇONARIA E AS FORÇAS SECRETAS DA REVOLUÇÃO"**, *de que maneira a Fração da Maçonaria que assumiu o aspecto político, em certos países, por contingência doa ambientes, trouxe, aos povos sacrificados, os benefícios da REVOLUÇÃO LIBERAL, e lutou, para que reinasse no Mundo Ocidental a Liberdade, a Igualdade e a Fraternidade.*

NICOLA ASLAN
Cabo Frio, 9 de julho de 1975.

∴

O Irm∴ **Nicola Aslan**[4], falou sobre o Maçom **Morivalde**, até 1975. Depois, vieram mais 25 anos de trabalho profícuo, a bem da Maçonaria.

Em 1976, ele publica o seu 3º livro **"A MAÇONARIA E AS FORÇAS SECRETAS DA REVOLUÇÃO"**, com Apresentação-Prefácio do Irm∴ Nicola Aslan, cujo texto é esse que os Irmãos acabaram de ler, escrito um ano antes da publicação desse livro.

O Irm∴ Nicola Aslan mostrou-nos o General Calvet, pouco conhecido. O historiador, consciente, honesto, abalizado e profundo conhecedor da História da Maçonaria.

Mas, voltemos um pouco no tempo (1972), quando o Irm∴ **Calvet**, convidando um grupo de Maçons Intelectuais, do Rio de Janeiro e do Rio Grande do Sul, para, juntos, fundarem uma Academia Maçônica de Letras, e no dia 24 de junho de 1972, ela foi Instalada com todas as pompas que tinha direito, na sede da ACADEMIA BRASILEIRA DE LETRAS (fundada por Machado de Assis), com a presença do seu Presidente – AUSTREGÉSILO DE ATAYDE, abrindo os Trabalhos de Instalação.

Eis uma cópia da ATA DE FUNDAÇÃO DA ACADEMIA MAÇÔNICA DE LETRAS

(Tempos mais tarde, foi-lhe acrescentado: **ACADEMIA BRASILEIRA MAÇÔNICA DE LETRAS**.)

Aos 21 (vinte e um) dias do mês de março do ano de um mil novecentos e setenta e dois, ano comemorativo do Sesquicentenário da Independência do Brasil, sob a proteção do Grande Arquiteto do Universo e a Inspiração de Tiradentes, reuniram-se, às 20 (vinte) horas, no Auditório do ***"CÍRCULO DOS OFICIAIS INTENDENTES DAS FORÇAS ARMADAS"****, à Avenida Treze de Maio, número 41 (quarenta e um), sobreloja, na cidade do Rio de Janeiro, Estado da Guanabara, os Maçons que assinaram o* ***Livro de Presença****, para fundarem a* ***"ACADEMIA MAÇÔNICA DE LETRAS"****. À unanimidade, foi escolhido para presidir os Trabalhos de Fundação da* ***ACADEMIA MAÇÔNICA DE LETRAS****, o Exmo.* ***Sr. General Morivalde Calvet Fagundes****, e, para secretariá-lo, o Exmo. Sr. Dr. Aylton de Menezes. Abertos os Trabalhos, o Exmo. Sr. Presidente deu conhecimento do inteiro teor do* ***Estatuto****, lido pelo Exmo. Secretário, que vai transcrito na íntegra:*

ACADEMIA MAÇÔNICA DE LETRAS – ESTATUTO

ARTIGO 1º – A ACADEMIA MAÇÔNICA DE LETRAS*, de âmbito nacional, com sede e foro na cidade do Rio de Janeiro, Estado da Guanabara, fundada no dia 21 de março de 1972, é uma Sociedade Civil, Literária, de Maçons, com personalidade jurídica, e que tem por finalidade trabalhar pelo Progresso da Cultura e das Letras Maçônicas, em geral.*

PARÁGRAFO ÚNICO – O REGULAMENTO INTERNO*, discriminará o modo de funcionamento da* ***Academia*** *dentro das Normas estabelecidas neste* ***Estatuto****.*

ARTIGO 2º *– A ACADEMIA compõe de 40 (quarenta) Membros Efetivos, perpétuos, e de número não limitado, de Membros Correspondentes, quer nacionais, quer estrangeiros.*

PARÁGRAFO 1º *– Dos Membros Efetivos, pelo menos a metade deverá residir no Estado-Sede da Entidade* *e imediações (como tal, entendido, o Rio de Janeiro), e o restante, nas demais Unidades da Federação.*

PARÁGRAFO 2º *– O preenchimento das vagas será feito por Eleição, em Escrutínio Secreto, dentre Maçons de reconhecido mérito, nos vários setores da atividade da inteligência e da cultura maçônica, tendo publicado livros maçônicos de real valor.*

PARÁGRAFO 3º *– Idêntico procedimento, a critério da* ***Academia****, será adotado na eleição dos Membros Correspondentes, denominados Especiais – os Correspondentes Estrangeiros.*

ARTIGO 3º *– A* ***Academia*** *será administrada por uma Diretoria eleita por dois anos, podendo haver reeleição, constituindo-se de:* ***Presidente****, Vice-Presidente, 1º Secretário, 2º Secretário, Tesoureiro, Bibliotecário e Museólogo.*

PARÁGRAFO 1º *– O Presidente representa a Academia, em juízo ou fora dele.*

PARÁGRAFO 2º *– Juntamente com a Diretoria, será eleito um Conselho Fiscal, integrado por* ***Três*** *Membros Efetivos, e* ***Dois*** *Suplentes.*

PARÁGRAFO 3º *– Poderão ser nomeadas pela Diretoria, tantas Comissões Especiais, quantas forem necessárias.*

PARÁGRAFO 4º *– Só os Membros Efetivos podem votar e ser votados.*

ARTIGO 4º *– A Academia, nas suas Reuniões plenárias, funcionará e deliberará pelo voto da maioria absoluta de seus Membros Efetivos, podendo, todavia, fazê-lo, com sete Membros Efetivos, para as Sessões Comemorativas, ou Especiais.*

A Diretoria funcionará e deliberará com a plenitude de seus Membros, pelo voto da maioria absoluta dos presentes.

ARTIGO 5º *– O* ***Acadêmico*** *só poderá declarar a sua qualidade de Membro da Academia, nos livros que publicar, quando devidamente autorizado pela Diretoria.*

ARTIGO 6º *– A* ***Academia*** *aceita subvenções*

Oficiais ou auxílios particulares, bem como encargos que visem ao progresso da Cultura e das Letras em Geral.

PARÁGRAFO ÚNICO *– a* ***Academia*** *concederá os Títulos de membros Honorário e Benemérito a quem julgar merecedor.*

ARTIGO 7º *– Os Membros da Academia não respondem individualmente pelas obrigações sociais contraídas em nome dela, expressa ou implicitamente, pelos seus representantes legais.*

ARTIGO 8º *– Os fundadores da Academia, Membros Efetivos, terão por Patrono de suas Cadeiras, Maçons já falecidos, vultos eminentes da História-Pátria, da História da Maçonaria Brasileira, e da Literatura Maçônica Nacional.*

ARTIGO 9º *– No caso de Extinção da Academia, liquidado o seu passivo, reverterá o saldo que houver, em favor de uma Instituição Maçônica de caráter Assistencial, se antes não resolver que seja transferido a algum estabelecimento público.*

ARTIGO 10 *– O presente* ***Estatuto*** *entra em vigor na data de sua aprovação e só poderá ser reformado, no todo, ou em parte, inclusive no que concerne à destinação do Patrimônio Acadêmico, por uma Assembléia Geral, pelo voto da maioria absoluta dos Membros Efetivos da* ***Academia****, depois de 2 (dois) anos de vigência.*

Rio de Janeiro (GB), 21 de março de 1972.

Morivalde Calvet Fagundes	*Presidente*
Jorge Buarque Lyra	*Vice-Presidente*
Aylton de Menezes	*1º Secretário*
Luiz Luna	*2º Secretário*
Bolívar Bandeira	*Tesoureiro*
Renato de Alencar	*Bibliotecário*
Clóvis Miranda	*Museólogo*

Aprovado por unanimidade, o ***Estatuto****, o Exmo. Sr. Presidente declarou fundada, para sempre, a* ***Academia Maçônica de Letras****, com os Membros Fundadores presentes a este ato, sob aplausos do Plenário. Ato contínuo, procedeu o Exmo. Sr. Presidente, à votação para a* *constituição da Primeira Diretoria e do Conselho Fiscal da **Academia**, para o biênio 1972-1974. Por proposta do Exmo. Sr. Dr. Décio Duboc du Rocher, foi aprovada por aclamação a Diretoria e o Conselho Fiscal, constituídos dos seguintes Acadêmicos:*

DIRETORIA:

Presidente	*GENERAL MORIVALDE CALVET FAGUNDES;*
Vice-Presidente	*Professor Jorge Buarque Lyra;*
1º Secretário	*Dr. Aylton de Menezes;*
2º Secretário	*Dr. Luiz Luna;*
Tesoureiro	*Dr. Bolívar Bandeira;*
Bibliotecário	*Dr. Renato de Alencar;*
Museólogo	*Dr. Clóvis Miranda.*

CONSELHO FISCAL:

Dr. Décio Duboc du Rocher;
Dr. Nunes Pereira;
Dr. Romeu Avelar.

SUPLENTES:

Sr. NICOLA ASLAN
Sr. KURT PROBER

*A seguir, foi dada a palavra pelo Exmo. Sr. Presidente, a quem quisesse fazer uso dela. Pela ordem, com a palavra o Exmo. Sr. **Dr. Clóvis Miranda**, expressou o sentimento de todos, no que foi por todos aplaudido, tendo solicitado ao Exmo. Sr. Presidente, que desse posse aos Acadêmicos Eleitos. Declara, o Exmo. Sr. Presidente, empossada a Diretoria e o Conselho Fiscal.*

*Por derradeiro, comunicou o Exmo. Sr. Presidente, aos Fundadores da ACADEMIA, presentes a este Ato, que a sua Instalação Solene fica marcada para o próximo dia 24 (vinte e quatro) de junho, dia de São João, Patrono Universal da Maçonaria, entendendo-se, ainda, que esta **Primeira Diretoria e Conselho Fiscal**, cumprirão o termo de seus mandatos até o dia 24 (vinte e quatro) de junho de 1974 (mil novecentos e setenta e quatro), o que foi aprovado por unanimidade.*

Nada mais havendo a registrar, determinou o Exmo.

Sr. Presidente, que fossem suspensos os trabalhos, pelo tempo necessário à lavratura da presente Ata, e, eu, 1º Secretário da ***Academia Maçônica de Letras****, procedi ao presente Registro que, em sendo reabertos os trabalhos, lidos e achados conforme, vai, por mim,* ***Aylton de Menezes****, assinado e por todos os Acadêmicos Fundadores da* ***ACADEMIA MAÇÔNICA DE LETRAS****. Rio de Janeiro, Estado da Guanabara, aos 21 (vinte e um) dias do mês de março (primeiro mês do Ano Maçônico) do ano de 1972 (mil novecentos e setenta e dois), 150º da Independência do Brasil, 180º da morte de Joaquim José da Silva Xavier – o Tiradentes.*

Morivalde Calvet Fagundes
Presidente
Aylton de Menezes
1º Secretário

∴

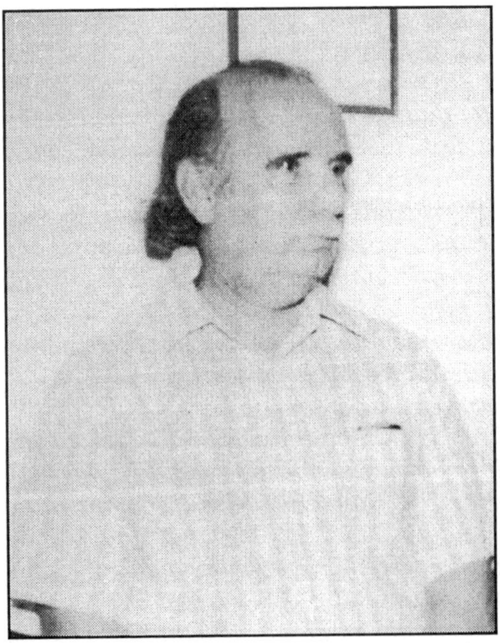

Fiz questão de transcrever essa Ata, porque essa Academia teve uma grande importância para a Cultura Maçônica, apesar de ser criticada pelo seu imobilismo; hoje, vendo e sentindo os seus reflexos em toda a Maçonaria Brasileira. E isso se deve ao General Morivalde Calvet Fagundes.

É só darmos uma olhada na Lista de Fundadores da Academia, para vermos que pugilo de grandes Maçons ele conseguiu juntar, sob sua Presidência.

Nos	FUNDADORES DA ACADEMIA[5]	PATRONOS
1	MORIVALDE CALVET FAGUNDES	Bento Gonçalves
2	JORGE BUARQUE LYRA	José do Patrocínio
3	LUIZ LUNA	Mário Mello
4	KURT PROBER	Duque de Caxias
5	CLÓVIS MIRANDA	Adelino de Figueiredo Lima
6	NICOLA ASLAN	Joaquim Gonçalves Lêdo
7	DÉCIO DUBOC DU ROCHER	Joaquim Nabuco
8	BOLÍVAR BANDEIRA	José Clemente Pereira
9	ANSELMO FIGUEIRAS CHAVES	Álvaro Reis
10	JOSÉ CARLOS PEIXOTO	Henrique Valladares
11	VENÂNCIO PESSOA IGREJAS LOPES	Visconde de Jequitinhonha
12	RAYMUNDO MÁRIO DAMASCENO	Joaquim Saldanha Marinho
13	AYLTON DE MENEZES	Frei Caneca
14	WALDIR JACINTO DE ARAÚJO	Conde de Lages
15	SEBASTIÃO COELHO DE MENEZES	Evaristo da Veiga
16	JOAQUIM INOJOSA	D. Pedro I
17	RENATO DE ALENCAR	Manoel Arão
18	GILBERTO MAIA	Benjamin Constant
19	ROMEU AVELAR	Barata Ribeiro
20	MANOEL NUNES PEREIRA	Quintino Bocaiúva
21	ERASMO MARTINS PEDRO	Silva Jardim
22	TONG RAMOS VIANNA	Luiz Severiano da Fonseca
23	ROBERTO DE AGUIAR BRANDO	Hipólito José da Costa
24	AFRÂNIO R. DE OLIVEIRA FRANCO	Cayru
25	ACY TENÓRIO D'ALBUQUERQUE	José Álvares Maciel
26	RIZZARDO DA CAMINO	General Osório
27	J. GERVÁSIO DE FIGUEIREDO	Luiz Gama
28	ABEL PEREIRA	Visc. do Rio Branco
29	EGYDIO VIEIRA FILHO	Senador Vergueiro
30	LUIZ PRADO	Moreira Guimarães
31	JOÃO NERY GUIMARÃES	José Bonifácio
32	LICÍNIO LEAL BARBOSA	Rui Barbosa
33	DE CAMPOS RIBEIRO	Otaviano Menezes Bastos
34	CANDIDO MARINHO DA ROCHA	Padre Eutíquio
35	LÍBERO LUXARDO	Lauro Sodré

36 – JOSÉ RODRIGUES PINAGÉ — Adolfo Pereira Dourado
37 – ARNALDO B. CHRISTIANINI — Washington Luiz
38 – JOIR BRASILEIRO — Mont'Alverne
39 – JOSÉ LOPES BRAGANÇA — Marechal Deodoro
40 – BRAZ COSENZA — Manoel de Arruda Câmara

Como vocês poderão ver, é um pugilo de 40 Maçons que participaram da Fundação da nossa **"ACADEMIA MAÇÔNICA BRASILEIRA DE LETRAS"**. Digo nossa, porque, hoje, também, tenho orgulho de fazer parte dela, ocupando a Cadeira 46, tendo como Patrono o Irm∴ Dario Vellozo.

Dentre esses 40 fundadores, vemos aí o próprio General Calvet, o **Jorge Buarque Lyra**[6]; o Kurt Prober; o Nicola Aslan; o Waldir Jacinto de Araújo; Acy Tenório D'Albuquerque; Renato de Alencar; Rizzardo Da Camino; Joaquim Gervásio de Figueiredo; Egydio Vieira Filho; João Nery Guimarães; Braz Cosenza, para citar, apenas, os mais conhecidos.

Só temos uma crítica a fazer, com relação a esse Quadro, pois ficaram de fora dois grandes Maçons-Escritores, de São Paulo – o Mestre Theobaldo Filho e José Castellani. Talvez que, por serem

paulistas. Sempre houve um ranço de bairrismo com relação Rio-São Paulo.

E por falar nesse bairrismo, eu abri as páginas da minha Revista "A TROLHA", para um "Duelo de Conhecimento", entre os dois Monstros Sagrados – **Morivalde Calvet Fagundes**, gaúcho, radicado no Rio de Janeiro, e **José Castellani**, paulista, de Araraquara. **Calvet**, apesar de gaúcho, transformou-se num grande defensor dos cariocas. Politicamente, gaúchos e paulistas não se bicam muito bem, desde quando os bandeirantes estiveram naquelas paragens do Rio Grande do Sul, caçando, matando, prendendo e escravizando os índios das Missões Jesuítas, ali estabelecidas. Tendo sido reativado esse antagonismo, em 1924, com a "COLUNA PRESTES", e 1930, com o Movimento que colocou o gaúcho Getúlio Dorneles Vargas no Poder. Acirrando-se ainda mais, em 1932, com a **Revolução Constitucionalista**, iniciada por São Paulo, contra Getúlio Vargas, ou melhor, com os novos Rumos que ele estava dando ao seu Governo.

Por isso nós vamos rever um **Duelo**, incruento, entre esses dois queridos Irmãos, mas só no campo das idéias, com Espadas movidas a trinta canetas. O motivo do **DUELO**, foi o **"7 DE SETEMBRO DE 1822"**.

O SETE DE SETEMBRO

A VERDADEIRA DATA DA INDEPENDÊNCIA POLÍTICA DO BRASIL

O hino nacional brasileiro, de autoria de Francisco Manuel da Silva, data provavelmente de 1831, e sua letra, do punho de Osório Duque Estrada, só foi adotada oficialmente em 1922, isto é, há perto de 65 anos.

Portanto, não nasceram com a Pátria, e, por isto, não há razão alguma pela qual não possam ser alterados.

O hino é de uma beleza sem par e, no mundo, segundo os entendidos, só tem um rival, que é o hino nacional francês, a Marselhesa.

Agora, quanto à letra, este tem sofrido, com o passar do tempo, críticas as mais diversas e coerentes, pois, na verdade, a obra não é, ao menos, de bom português.

No meu caso, não estou preocupado com isto, mas, sim, com a verdade histórica, que me interessa, e muito, como testemunho do caráter de um povo e indício da sua honorabilidade. Se nós não conseguimos ser exatos, verídicos e fiéis nem quando contamos os fatos da nossa própria existência, então jamais poderemos ser um país sério...

Colocando em linguagem direta, o hino começa, como todos sabemos, dizendo que "as margens do Ipiranga teriam ouvido o brado retumbante de um povo heróico".

É justamente esse brado, que não teria sido de um povo, mas apenas de D. Pedro, que eu, e antes de mim, alguns historiadores de renome, negamos como tendo sido na data da nossa Independência política.

O fato é muito fácil de ser provado. As injunções e conseqüências políticas do caso é que são difíceis de ser contornadas e vencidas.

Por isto, considero-me um D. Quixote, levantando a questão. Mas, o faço por amor à verdade e aos sãos princípios da moral e da razão.

Vejam só: quem terá coragem de mudar uma letra que há mais de meio século vem sendo cantada por todo o povo brasileiro, desde a meninice? E que já faz parte de seu subconsciente, da sua própria brasilidade! Eu teria, em nome da verdade.

A independência brasileira foi feita lenta e paulatinamente. Começou com a vinda da família real para o Brasil, em 1808, quando passamos a sediar o governo português. Em 1822, D. Pedro, então príncipe regente, foi pouco a pouco cedendo à pressão dos brasileiros, que queriam a independência do país, com ele, de preferência, para fugir à retaliação territorial. Há várias datas significativas, que retratam fielmente essa vontade e esse estado de coisas, como sobretudo o ***Dia do Fico*** *(9 de janeiro), em que D. Pedro, desobedecendo às cortes de Lisboa, resolveu ficar no Brasil; depois, foi tudo num crescente, até a separação total e definitiva, a começar pela retirada das tropas portuguesas do Brasil, em 15 de fevereiro. Aí não havia mais nada que impedisse a independência brasileira. Foi só uma questão de tempo e de conjugação de vontades e de coragem. Ainda assim demorou 8 meses.*

Ainda assim, a marcha foi lenta. A 13 de maio, o príncipe aceitou o título de "Defensor Perpétuo do Brasil", que lhe havia sido dado pela Maçonaria brasileira. A 4 de junho, D. Pedro, aceitando a petição de uma representação popular, escrita pelos Maçons, com 5.000 assinaturas, convoca uma Assembléia Constituinte. No manifesto de 1º de agosto, o príncipe diz que "se convocava a assembléia do Brasil, a fim de cimentar a independência política deste reino, sem romper, contudo, os vínculos da fraternidade portuguesa". Era a "independência moderada", de que fala Aníbal Gama. Era a independência em prestações, como digo eu.

De 14 de agosto a 14 de setembro, D. Pedro esteve em São Paulo, onde foi recebido com festas. Dois dias antes de partir, o príncipe regente e, com ele, José Bonifácio, afirmavam que não queriam a independência absoluta do Brasil, em instruções constantes do Arquivo Diplomático da Independência.

Ausente D. Pedro, o Grande Oriente do Brasil, sob

a direção de Gonçalves Lêdo, na Sessão do dia 9 de setembro de 1822, declarou que "as atuais circunstâncias políticas de nossa pátria demandavam e exigiam imperiosamente que a sua categoria fosse inabalavelmente firmada com a ***proclamação da nossa independência e da realeza constitucional do Reino do Brasil****". Na Sessão de 12 de setembro, Lêdo pediu que se pusessem em execução os meios necessários para aclamação de D. Pedro, pois nada mais justo que a Maçonaria se adiantasse a qualquer outra corporação civil nessa iniciativa. A 16 de setembro, uma proclamação anônima, que se sabe ter sido escrita por Lêdo, exclamava pateticamente: "Não consintamos que outras províncias, mais do que nós, se mostrem agradecidas. Aclamemos o digno herói, o magnânimo Pedro, nosso primeiro imperador constitucional".*

Não era o que se pensava e queria D. Pedro, ainda em 18 de setembro de 1822, ao criar o escudo real das armas do Brasil, que rubricava, e José Bonifácio assinava: "Havendo o Reino do Brasil, de quem sou Regente, declarada a sua emancipação política, como Nação Grande, Livre e Independente, sendo, por isso, indispensável que ele tenha um escudo real de armas, que não só se distinga das de Portugal e Algarves, até agora reunidos". Nesse escudo continuava a coroa diamantina de D. João VI, e o príncipe continuava como regente. Logo, ainda era a independência moderada, continuando o Brasil dentro da comunhão política portuguesa. Tanto que, em carta ao pai, de 22 de setembro, subscreve-se como "súdito que muito venera".

D. Pedro, nesse documento, não diz quando o Reino do Brasil havia declarado a sua independência. Por quê? Naturalmente, porque ela tinha sido feita aos poucos. Mas, para a história ficou registrado o dia do ***Fico****, quando ele se rebelou contra as cortes portuguesas e aqui resolveu ficar como Regente, agora pela vontade dos brasileiros. Será que estes o queriam como tal? Os fatos vão provar que não.*

A aclamação de D. Pedro como primeiro imperador

constitucional foi preparada pela Maçonaria de Lêdo, à revelia de D. Pedro e de José Bonifácio, distribuindo emissários pelas províncias, até o Rio da Prata, com o fim de conseguir unanimidade. Começou por empossá-lo como Grão-Mestre em 4 de outubro de 1822, ocasião em que falaram Lêdo e Alves Branco. Este, em patético discurso, disse: "Apartai-vos, digno Grão-Mestre, de homens coléricos e furiosos. Por mais cientes que eles sejam, nunca acham a razão e só propendem para o crime". Já se vê que o único sábio colérico que havia na corte, junto do príncipe, era José Bonifácio. Alves Branco terminou com um viva ao Primeiro Imperador Constitucional do Brasil. Isto ainda era um sonho dos Maçons.

Na mesma Sessão Maçônica, ficou deliberado que a aclamação civil se realizaria no dia 12 de outubro seguinte, aniversário de D. Pedro, e "que todos os Maçons se espalhassem pelos lugares de maior concurso, principalmente no Campo de Sant'Ana, onde deveria efetuar-se o mesmo solene ato". José Clemente Pereira, Irmão do Quadro, então presidente de Senado da Câmara, o órgão legislativo de então, anunciou os vivas que tencionava dar, ao que o príncipe acrescentou outros.

Depois disto, o próprio Senado da Câmara, em sessão de 10 de outubro de 1822, sob a presidência de Clemente Pereira, declarou que "a separação do Brasil de Portugal não era só necessária, mas até indispensável, pelo que Sua Alteza Real seria proclamado Imperador Constitucional do Brasil".

Só, então, começavam a aparecer os atos concretos e oficiais conducentes à separação do Brasil da monarquia portuguesa.

A aclamação se deu, realmente, no dia 12 de outubro, e foi uma festa preparada e realizada sob a inspiração da Maçonaria de Lêdo. Não vamos descrever a solenidade; o espaço não permite.

E foi assim que o Brasil declarou sua independência política. Agora, perguntarão: "E o 7 de setembro?". Aí é que está a questão. Segundo abalizados historiadores, essa data não aparece antes de 1826 em nenhuma parte, em nenhum documento, jornal ou notícia. Ninguém falava dela, como se fosse totalmente desconhecida, ignorada ou inexistente.

Os meus leitores, que leram o artigo sobre "Cipriano Barata e a Independência", no D. O. Leitura, de março de 1987, e na Revista "A TROLHA", ou, ainda, na revista "Es Historia", de Montevidéu, sabem que seguramente, tal data ainda em 1825, totalmente desconhecida pelo famoso político Cipriano Barata, então preso no Rio de Janeiro, que, em suas memórias a mim remetidas por cópia pelo emérito historiador uruguaio D. Alfonso Fernandez Cabrelli cita como data da nossa independência política o dia 12 de outubro de 1822. É uma data bem significativa.

Aníbal Gama, em seu documentado livro sobre "D. Pedro na Regência", afirma categoricamente que a primeira vez que descreveu para a História a cena do Ipiranga foi em 1826, narração feita pelo Padre Belchior Pinheiro, em carta publicada pela imprensa. Ora, convenhamos, como prova é um testemunho muito duvidoso. Por que esconderam o fato durante 4 anos? Por que D. Pedro e José Bonifácio nunca falaram nisso? Logo o padre Belchior, quatro anos depois?...

Além disso, vamos supor que a cena realmente tenha acontecido. Resultou dela, na realidade, a independência do Brasil? Claro que não. Tudo continuou como dantes. E o príncipe, em carta de 22 de setembro de 1822, ao pai, D. João VI, assinou "súdito que muito venera".

Logo, o 7 de setembro de 1822, como data histórica, é uma lenda, muito bonita aliás, mas não passa disso.

Agora, o mais importante: a razão da lenda.

Os atos humanos quase sempre têm uma causa. Não se costuma agir sem uma razão determinada. Sobretudo, em história nacional.

Havia na época da nossa independência, como há ainda hoje, uma competição nas províncias, o que é natural na vida dos povos.

Reparem que grifei, neste trabalho, as afirmações

de Lêdo, no que se refere à primazia, que devia ser mantida, da Maçonaria, em relação a qualquer outra corporação, assim como a necessidade do Rio de Janeiro ser o primeiro no agradecimento à liberdade conquistada.

Aí estão colocados justamente os dois pontos essenciais da questão: a província do Rio de Janeiro, e a Maçonaria, uma que devia ser a sede da independência, e a outra a feitora. Na opinião de Lêdo, dos Maçons e, provavelmente, dos historiadores do Rio de Janeiro.

Tudo isto foi mudado, graças à "invenção" do 7 de setembro como data nacional da nossa libertação.

A conspiração ficou completa em 1832, quando conseguiram dar a José Bonifácio o título de "Patriarca da Independência", 10 anos depois dela. Assim, consolidaram a retirada da Maçonaria de Lêdo da cena dos acontecimentos, entregando o patriarcado da independência a um não fluminense.

Não pense que estou fantasiando, ou fazendo novela. A conspiração foi real, e muito bem-sucedida.

A luta ou disputa entre o Rio de Janeiro e São Paulo, pela primazia da condução da política nacional, realmente existiu. E eu não vejo mal nisso, a não ser quando se falseia a verdade histórica, para uso provincial ou estadual. Quem quiser ter a prova do que eu digo, leia o auto de vereação do Senado da Câmara, de 10 de janeiro de 1822, transcrito por Melo de Morais, em sua "História do Brasil-Reino e do Brasil-Império, tomo I, páginas 259-262", onde Clemente Pereira estabelece um diálogo com Andrada Machado, sobre a quem pertenceria a glória do Dia do Fico, se aos fluminenses ou aos paulistas, estes defendidos, é claro, por Andrada Machado, e aqueles por Clemente Pereira. Vejam como a luta era antiga! E o próprio Melo Morais foi traído pelo subconsciente, pois, no título da transcrição do auto de vereação colocou: "Discurso do Sr. José Clemente Pereira sobre o ***Patriarcado da Independência*** *do Brasil", quando essa nomenclatura ainda não tinha sido inventada... E quando o foi, não se referia ao Dia do Fico.*

Já escrevi uma vez: "Nos Estados Unidos, como no Brasil, a Maçonaria é o suporte da autoridade legal e dos altos ideais sobre os quais a Nação foi fundada".

Só que na América do Norte, a Maçonaria é cultuada e reverenciada como tal, porque lá não surgiu, por certo, nenhum padre para inventar uma cena semelhante à do Ipiranga, nem apareceu nenhum "sábio colérico", para receber o patriarcado da independência.

Para que não pensem que estou sozinho neste assunto, posso citar alguns bons historiadores, com os quais estou de acordo.

Exemplos: Assis Cintra, Luís Francisco da Veiga, Auryno Maciel, Manoel Arão, Teixeira Pinto, Isa Ch'an, Nicola Aslan, e outros.

O grande historiador Oliveira Lima, em sua c' "O Movimento da Independência", chegou perto a dade, e fez justiça a Gonçalves Lêdo e à Maçonaria.

Assis Cintra, em "O Homem da Independência", é taxativo: "José Bonifácio não é o **patriarca** *da independência. Maior é a figura rutilante de Gonçalves Lêdo".*

E para dirimir definitivamente a questão da independência, basta que se leia a Ata de Aclamação do Imperador D. Pedro I: "NO FAUSTO DIA 12 DO MÊS DE OUTUBRO DE 1822, ***PRIMEIRO DA INDEPENDÊNCIA DO BRASIL..."***

É a letra do documento oficial básico e primitivo. É a voz da própria HISTÓRIA!

Há um depoimento muito bonito de Lêdo, em carta a Clemente Pereira. Diz ele: ***"A independência não fui eu, não fomos nós, não foi José Bonifácio, nem Pedro I, que a fez. Foi a vinda de D. João VI ao Brasil, foi o decreto de 16 de dezembro de 1815 (elevação do Brasil a reino-unido com Portugal e Algarves), foi a estupidez das cortes portuguesas querendo recolonizar o Brasil, foi a vontade popular exigindo do príncipe a Assembléia Constituinte".***

É uma maneira modesta e delicada de ver as coisas,

mas não exclui a verdade histórica do 12 de outubro de 1822.

Absolutamente não concordo com o grande Michelet, quando afirma: "A História é, às vezes, madrasta: cobre de louros os que pouco fizeram e obscurece o mérito dos verdadeiros heróis".

Acho que ela pode e deve ser permanentemente corrigida e revisada. Do contrário, para que pesquisa?

∴

Aqui começa o "Duelo" entre os dois expoentes máximos das Letras Maçônicas do Brasil.

Esse Trabalho foi publicado na Revista "A TROLHA", na edição nº 30 – julho-agosto – 1987 – páginas 50, 51 e 52, com o título geral de "Questões Maçônicas", E já, na edição seguinte, de nº 31, de setembro-outubro, de 1987, página 31, o Irm∴ Morivalde Calvet Fagundes, volta à carga com mais um Trabalho sobre o mesmo explosivo tema, agora com o título geral de **"SÃO PAULO CONFIRMA: 12 DE OUTUBRO É A VERDADEIRA DATA DA INDEPENDÊNCIA NACIONAL"**.

Ele estava cutucado uma onça viva, com uma vara muito curta – o velho Castellani não ficaria calado.

Era só esperar para ver. O "Duelo" entre esses dois grandes, fabulosos Irmãos só enriqueceria as Letras e a História-Pátria, da Maçonaria.

É bem verdade que num caso desse, nenhum dos dois vai se convencer. Cada um vai defender suas provas, seus Documentos, seus pontos de vista para a eternidade. Não iriam dar o braço a torcer. O Irm∴ Morivalde já fez isso. Foi para o Oriente Eterno, levando suas convicções. O Castellani continua aqui com a gente, mas com as suas convicções intactas.

SÃO PAULO CONFIRMA: 12 DE OUTUBRO É A VERDADEIRA DATA DA INDEPENDÊNCIA NACIONAL

Irm∴ Morivalde Calvet Fagundes
Or∴ do Rio de Janeiro

Alguns leitores do meu artigo "A verdadeira data da

independência política do Brasil", publicado na edição de julho-agosto de 1987, nas colunas desta Revista, ainda não se refizeram da surpresa, e, um tanto céticos, estão me pedindo mais esclarecimentos sobre o assunto.

Como não desejo fraudar-lhes a expectativa, aí vai mais alguma coisa, já que o tema é vasto e os argumentos abundam, mas não o espaço desta Revista.

Começo pela própria província de São Paulo que, na questão, me parece autoridade máxima.

Haverá lá algum documento oficial sobre a propalada independência do Brasil? Um historiador também precisa de sorte. Em 7 de abril de 1987, visitei, em companhia do Soberano Grande Comendador Alberto Mansur, a Câmara Municipal de São Paulo. Lá, o seu presidente emérito Dr. João Brasil Vita teve a gentileza de oferecer , para minha Academia, uma magnífica História da Municipalidade de São Paulo, de autoria de Aureliano Leite e João de Scantimburgo, em 3 extensos volumes, de mais de 800 páginas. Ali encontrei a seguinte ***Ata de Aclamação, de 12 de outubro de 1822****:*

"Aos doze de outubro de mil e oitocentos e vinte e dois, nesta cidade de São Paulo, em as casas da CÂMARA e Paços do Conselho (sic), estando presentes o Excelentíssimo GOVERNO ATUAL DA PROVÍNCIA, o juiz presidente do SENADO, o capitão Bento José Penteado, os VEREADORES, o capitão José Mariano, o Dr. Manuel Joaquim de Ornellas e o capitão José de Almeida Ramos, aquele atual, e estes transatos, o procurador, também transato, capitão Antônio José Vieira Barbosa, e o POVO e TROPA, foi por todos unanimemente acordado que DECLARAM A SUA INDEPENDÊNCIA dos Reinos de Portugal e Algarves, e por ela protestam dar a própria vida, e certificados oficialmente pelo SENADO DA CÂMARA DA CORTE, e cidade do Rio de Janeiro, de que SUA ALTEZA REAL, o Príncipe Regente do Brasil e seu DEFENSOR PERPÉTUO, o Senhor DOM PEDRO DE ALCÂNTARA é hoje aniversário do seu natalício ACLAMADO ALI E EM ALGUMAS PROVÍNCIAS COLIGADAS

***PRIMEIRO IMPERADOR CONSTITUCIONAL DO BRASIL**, a bem deste, igualmente por tal o aclamam, como herdeiro imediato do Trono Português, e lhe juram obediência, e fidelidade..." E por aí segue-se o documento oficial da nossa independência. Antes de terminar, acrescenta o seguinte:*

"Acordaram finalmente por unânime consentimento que, sem perda de tempo, se envie uma DEPUTAÇÃO AO NOVO IMPERADOR, com carta de congratulação, e uma cópia da presente Ata, para o FELICITAR PELA SUA EXALTAÇÃO AO TRONO...".

Esta a Ata da sessão do Senado de São Paulo, do dia 12 de outubro de 1822, constante da página 209, do volume II, da referida História da Municipalidade de São Paulo, em quase tudo igual à Ata que lavrou, no mesmo dia, o Senado da Câmara do Rio de Janeiro.

Voltemos, porém, alguns dias atrás, ainda em São Paulo. Em sessões de 25 e 28 de setembro de 1822, debateu-se, no dito Senado paulistano, uma consulta do Senado da Câmara do Rio de Janeiro, sobre se concordavam que "D. Pedro, DESDE LOGO, ENTRASSE NO EXERCÍCIO ILIMITADO DE TODAS AS ATRIBUIÇÕES DO PODER". São Paulo respondeu que sim, que concordava que S.A.R. fosse investido, desde logo, como CHEFE CONSTITUCIONAL DO MESMO PODER EM TODO ESTE REINO.

Finalmente, recuemos mais um pouco, até o dia 8 de setembro de 1822, o "day after" do 7. Qual o documento oficial que há nesse dia, expedido por S.A.R.? Pasmem os prezados leitores: Sua Alteza despede-se, em uma Proclamação aos Paulistanos, muito pesaroso de deixar tão queridos amigos, falando em União e Tranqüilidade, e dizendo dramaticamente que "os infames" Deputados da Corte de Lisboa queriam atacar o Brasil, e, por isso, ele iria para o Rio de Janeiro, "providenciar sobre negócios de TÃO ALTA MONTA". Onde ficou o famoso Grito do Ipiranga? Não há nenhuma palavra sobre ele. Por quê?

Apenas, porque ele ainda não existia. Ainda não tinha sido fabricado.

O Príncipe Regente, que ainda o era, e assim assinava, nesse documento histórico, numa coisa contribui para a montagem da lenda: estabelece aí que a dívida do Brasil deve ser "INDEPENDÊNCIA OU MORTE".

O fato pareceria estranho se não soubéssemos que tal frase já existia no Rio de Janeiro, assim como aquela outra "União e Tranqüilidade", que ele aplica na mencionada Proclamação.

Ambas existiam desde junho de 1822, segundo o comandante Aníbal Gama, em seu esplêndido livro "D. Pedro na Regência", publicado pela Biblioteca do Exército, que tantos e assinalados serviços tem desempenhado em prol da cultura militar brasileira. Eram nomes das "palestras" que compunham o célebre "Apostolado", de José Bonifácio, de tão triste memória, segundo ótimos historiadores. A terceira "palestra" se chamava "Firmeza e Lealdade", que também eram expressões do agrado do Príncipe.

Por favor, não pensem que eu estou dizendo novidades para algumas pessoas de visão do Rio de Janeiro! Já faz um ano que, em palestra com o confrade Albano Marques, da Academia Guanabarina de Letras, ele se mostrou inteiramente de acordo com a idéia. E o grande pensador que é o professor Dr. Ovídio Gouveia da Cunha, em seu recente livro "Fundamentos da Luso-Brasilidade", diz, com muita propriedade, que o"7 de setembro é a fantasia, e o 12 de outubro é a realidade histórica". É a visão sociológica do fato, talvez muito mais avisada do que muita visão histórica que anda por aí.

Enfim, o assunto ainda pode ir mais longe, se assim o quiserem. Por mim, eu digo como Shakespeare: O resto é silêncio!

∴

O que foi que eu disse? Aí está o Irm∴ Castellani bufando

como um touro encurralado. Quando publiquei aqueles dois Trabalhos, sobre a "VERDADEIRA DATA DA INDEPENDÊNCIA POLÍTICA DO BRASIL", eu já previa o que iria acontecer. A "guerra" bairrista não é só com essa DATA, ela acontece, também, com dois vultos sagrados, dessa mesma época, nessa mesma data – **Joaquim Gonçalves Lêdo** e **José Bonifácio de Andrada e Silva**. O primeiro, do Rio de Janeiro; o segundo, de São Vicente, São Paulo. Só que essa já é uma outra história. Vamos ver o que o Castellani replicou:

UM DOCUMENTO IRREFUTÁVEL SOBRE O 7 DE SETEMBRO

Irm∴ José Castellani
Or∴ de São Paulo – SP

Considerando a inserção em diversos veículos maçônicos a até "profanos", de artigo tendente a mostrar que o "Grito do Ipiranga", de 7 de setembro, foi uma farsa e uma "lenda" criada só quatro anos após o evento, por um depoimento do padre Belchior Pinheiro (em 1826), e na intenção de repor a verdade histórica, trazemos algumas considerações sobre o ***monumento do Ipiranga****, com base em documentos* ***que se encontram no próprio Museu Paulista****, também chamado de Museu do Ipiranga, construído junto ao monumento.*

A idéia de erguer um monumento comemorativo, no local em que, a 7 de setembro de 1822, foi proclamada a Independência do Brasil, é quase contemporânea do acontecimento.

A ***29 de janeiro de 1823, apenas quatro meses e vinte e dois dias*** *depois do "Grito do Ipiranga", o governo provisório da Província de São Paulo encaminhava, ao Imperador D. Pedro I, uma representação, na qual Antonio da Silva Prado (depois Barão do Iguape) e outros cidadãos notáveis solicitavam licença para abrir uma subscrição destinada ao custeio de um monumento "no lugar denominado Ipiranga". O governo imperial, louvando os "sentimentos muito patrióticos e honrados" dos* *signatários, anula ao pedido, conforme participava, ao governo provincial, o ministro do Império, José Bonifácio de Andrada e Silva, a 20 de fevereiro de 1823.*

Mas, como da idéia à realização, a distância é enorme, os esforços iniciais revelaram-se inúteis.

Em 1824, todavia, surgiu nova iniciativa e, dessa vez, oficial: o presidente da província, Lucas Antonio Monteiro de Barros (Visconde de Congonhas do Campo), resolveu, ***em setembro daquele ano****, dirigir-se às câmaras municipais, pedindo-lhes que angariassem contribuições, para a construção de um monumento comemorativo da independência. O presidente, entretanto, queria erigi-lo não na colina do Ipiranga (visto achar muito grande a distância), mas, sim, à entrada da cidade, junto ao Hospital da Misericórdia, então existente na atual Rua da Glória. Submetida a idéia ao exame do governo imperial, ordenou D. Pedro I, pelo ministro do Império, desembargador Estevam Ribeiro de Rezende (depois Marquês de Valença), através da portaria ministerial,* ***de 9 de abril de 1825****, que o monumento fosse levantado "no próprio sítio do Ipiranga,* ***em que foi proclamada a Independência Política do Império*** *e onde, por isso, as gerações futuras devem celebrar a lembrança de tão extraordinário e feliz acontecimento" (grifo é nosso).*

Como, diante de ***documentos****, como esse, pode-se dizer que o 7 de setembro foi uma lenda inventada? De resto, não é só a carta do Padre Belchior que narra os acontecimentos daquela data, já que existem, também, depoimentos do coronel Marcondes, comandante da Guarda de D. Pedro; de Francisco de Castro Canto e Mello, gentilhomem da Câmara do Príncipe; de Paulo Antonio do Valle, da comitiva do Príncipe e de Antonio Mariano de Azevedo Marques, em seu diário particular, citado por Assis Cintra. Mas isso é uma outra história, que fica para uma outra vez... ou é munição que fica no arsenal.*

Curioso é o autor do artigo, Irm∴ Calvet, afirmar que a carta do Padre Belchior "como prova histórica é um testemunho muito duvidoso". Para alguém que, tentando "provar" que o Tiradentes foi Maçom, não hesita em aceitar testemunhos orais, dados muitos anos após o fato, considerar duvidoso um documento escrito, é, no mínimo, estranho.

∴

Esse é o tipo do Debate, do Duelo Maçônico, onde nenhum dos contendores sai perdendo, e que só os assistentes – leitores – saem ganhando, pois poderão confrontar Documentos, e tirar suas próprias conclusões.

DO PÓ DOS ARQUIVOS

Irm∴ José Castellani
Or∴ de São Paulo – SP

Ora, se há confirmação de que D. Pedro, na própria noite de sete de setembro, foi vitoriado e aclamado as brados de "Viva o Rei do Brasil".

MAIS UM DOCUMENTO SOBRE O SETE DE SETEMBRO

Já apresentei, em número anterior desta publicação maçônica, sob o título de "Um Documento Irrefutável sobre o 7 de Setembro", documentos sobre o Monumento do Ipiranga, existentes no Museu Paulista, que comprovam a existência real do "Grito do Ipiranga". Hoje, apresento outro documento, para continuar a sepultar a tese de que a proclamação da independência, às margens do Ipiranga, foi uma "lenda" inventada.

Entre os papéis e documentos da época, existe o diário particular do ilustre paulista Antonio Mariano de Azevedo Marques, contendo a seguinte nota:

"1822, setembro – Volta do mesmo (o Príncipe Regente) de Santos – ***Proclamação da Independência nos campos do Ypiranga****, chegando o Príncipe ainda tarde a São Paulo, onde appareceram no mesmo dia muitas pessoas com laços de fitas verde e amarella no braço, distinctivo adaptado por S. A. Real, o qual comparecendo, à noite, no thetaro, foi victoriado com grande enthusiasmo,*

prorompendo muitos vivas da parte do povo, entre os quaes o três vezes repetido pelo Revdmo. Ildefonso Xavier Ferreira, de – Viva o Rei do Brasil" (o grifo é nosso).

Em "O Brasil de Outrora" (Monteiro Lobato & Co. Editores – São Paulo – 1922), o insuspeito pesquisador Assis Cintra, depois de considerar o documento como merecedor de bastante fé, afirma:

"As investigações que fiz, depois, confirmaram essa notícia. Mas, como este viva foi repetido e parodiado durante todo o espetáculo da noite, é muito provável que fosse dado, da platéia, pelo Capitão-Mor Manoel Marcondes de Oliveira e Mello (Barão de Pindamonhangaba). O que importava aqui consagrar eram estas circunstâncias; ***o fato já estava autenticamente provado na fala do trono de 1823*** *" (o grifo é nosso).*

Ora, se há confirmação de que D. Pedro, na própria noite de sete de setembro, foi vitoriado e aclamado aos brados de "Viva o Rei do Brasil", é evidente que isso só aconteceu porque a cena do Ipiranga, na tarde daquele dia, foi uma realidade e não uma lenda enxertada na História, como pretendem alguns autores, que, revivendo o regionalismo, o sentimento de clã e de tribo, querem apagar a participação de São Paulo no movimento emancipador, da mesma maneira que procuram deslustrar a obra e denegrir a figura do mais ilustre paulista da época: José Bonifácio de Andrada e Silva.

∴

Nós vamos parar por aqui, porque, também, parei de publicar na Revista "A TROLHA", pondo fim a um Debate que estava sendo muito proveitoso, mas que já começava a criar um atrito entre esses dois Irmãos meus, e queridos Amigos.

Às vezes, os Irmãos lêem a nossa Revista, mas não prestam a devida atenção em algumas nuanças muito importantes para a compreensão de algumas "guerrinhas", surdas, não declaradas, que surgem nas entrelinhas de alguns trabalhos publicados.

Eu mesmo, nos meus "BATE-PAPOS", destilo meus

"veneninhos" contra alguns Irmãos que, sub-repticiamente, tentam colocar o velho Xico contra a parede, esquecendo que:

O Diabo é mais Diabo, por ser velho, do que por ser Diabo.

Em maio de 1989, fomos até a cidade missioneira, gaúcha, de São Gabriel, para o lançamento do livro do Irm∴ Morivalde, editado por nós – **"ROCHA NEGRA – A LEGENDÁRIA"**, uma Biografia, ou uma Radiografia completa da centenária Loja Maçônica "ROCHA NEGRA Nº 1". Ela é a número **1**, da Constelação da Grande Loja do Rio Grande do Sul.

Foi uma festa muito bonita, em que o General Calvet Fagundes foi a estrela que mais brilhou.

Vou reproduzir alguns trechos do que foi publicado em nossa Revista, sobre esse Evento:

ARLS "ROCHA NEGRA Nº1"

Praça Dr. Fernando Abboti, 30
Tel.: (055) 232-1352 – C.P. 80
São Gabriel – RS

PROGRAMAÇÃO

DIA 12.5.89 – SEXTA-FEIRA

19 horas – Sessão Magna no Templo desta Loja Simbólica

20h30m – Jantar dançante na sede do CTG TARUMÃ, com pratos típicos e apresentação de danças folclóricas, contando com a presença de IIrm∴, familiares e convidados.

DIA 13.5.89 – SÁBADO

9h30m – Sessão Especial, no Grau 4, da Excelente

Loja de Perfeição "MARECHAL DEODORO DA FONSECA".

12 horas – Almoço de confraternização com a participação dos Irmãos e familiares, no Departamento Social desta Loja.

18 horas – Visita ao Prefeito Municipal, Ven∴ Irm∴ Eglon Meyer Corrêa, pelas Comitivas do Seren∴ Grão-Mestre da M∴ R∴ GRANDE LOJA DO RIO GRANDE DO SUL e do Soberano Grande Comendador do SUPREMO CONSELHO DO GRAU 33 do R∴ E∴ A∴ A∴ para a República Federativa do Brasil, acompanhadas de autoridades maçônicas.

19 horas – Coquetel de lançamento do livro ROCHA NEGRA – A LEGENDÁRIA, de autoria do Ven∴ Irm∴ Morivalde Calvet Fagundes, Presidente da Academia Brasileira Maçônica de Letras e Irm∴ Honorário desta Loja, no salão de festas o Clube Caixeiral.

∴

PREFEITURA MUNICIPAL DE SÃO GABRIEL

DECRETO EXECUTIVO Nº 028/89 DE 10.5.89 – CONSIDERA HÓSPEDES OFICIAIS DO MUNICÍPIO DE SÃO GABRIEL:

Dr. EGLON MEYER CORRÊA, Prefeito Municipal de São Gabriel, Estado do Rio Grande do Sul, no uso de atribuições que lhe são conferidas em Lei,

DECRETA

ARTIGO 1º *– São considerados Hóspedes Oficiais do Município de São Gabriel, nos dias 12 e 13 de maio do corrente ano, as seguintes autoridades maçônicas:*

LUIS CARLOS COSTA – Grão-Mestre da M∴ R∴ GRANDE LOJA DO RIO GRANDE DO SUL.

MORIVALDE CALVET FAGUNDES – Presidente da ACADEMIA BRASILEIRA MAÇÔNICA DE LETRAS.

VENÂNCIO PESSOA IGREJAS LOPES – Soberano Grande Comendador do SUPREMO CONSELIIO DO GRAU 33.

CARLOS A. BOLONHA – Grão-Mestre da M∴ R∴ GRANDE LOJA DO URUGUAI.

HANS IURGEN PETERSEN – Deputado do Grão-Mestre da M∴ R∴ GRANDE LOJA DO RIO GRANDE DO SUL.

MILETTO VASCONCELLOS FILHO – 1º Grande Vigilante da M∴ R∴ GRANDE LOJA DO RIO GRANDE DO SUL.

SÁLVIO ATAÍDE BARROS – 2º Grande Vigilante da M∴ R∴ GRANDE LOJA DO RIO GRANDE DO SUL.

DELCY JULIAN VILLALVA – Grande Inspetor Litúrgico da 1ª Região do Rio Grande do Sul.

LONGUINHO MARQUES DA COSTA – Presidente da FUNDAÇÃO MAÇÔNICA EDUCACIONAL.

EDEMAR BITTENCOURT – Membro da Administração da M∴ R∴ GRANDE LOJA DO RIO GRANDE DO SUL.

FRANCISCO DE ASSIS CARVALHO – Diretor da Revista Maçônica "A TROLHA".

***ARTIGO 2º** – Revogadas as disposições em contrário, este Decreto entra em vigor na data de sua publicação.*

GABINETE DO PREFEITO MUNICIPAL DE SÃO GABRIEL, EM 10 DE MAIO DE 1989.

Dr. Eglon Meyer Corrêa,
Prefeito Municipal.

ROCHA NEGRA, A LEGENDÁRIA

Para o lançamento do mais recente livro do Irm∴ Clavet – ROCHA NEGRA, A LEGENDÁRIA – estivemos em São Gabriel, lá no querido Rio Grande do Sul, o Fernando, o Edson e eu. Foi uma bela festa. Foi um belo acontecimento. De Porto Alegre, seguimos em caravana a São Gabriel, cidade onde estão erguidas as Colunas da "Rocha Negra nº 1", desde 1873. Faziam parte da comitiva os Irmãos: HANS IURGEN PETERSEN, MORIVALDE CALVET FAGUNDES, LUIZ CARLOS COSTA (Sereníssimo Grão-Mestre da Grande Loja do Rio Grande do Sul); VENÂNCIO LOPES IGREJAS (Soberano Grande

Comendador do Supremo Conselho do Grau 33 do Rito Escocês Antigo e Aceito para a República Federativa do Brasil); EDEMAR BITTENCOURT, MILETTO VASCONCELLOS FILHO, DELCY JULIAN VILLALVA, ATÍLIO DE OLIVEIRA, ODIR R. M. ALÉSSIO, e eu – XICO TROLHA –, além de Cunhadas e Sobrinhas.

No dia da chegada, assistimos a uma magnífica Sessão de Homenagem ao general Morivalde Calvet Fagundes, na Loja "Rocha Negra", estando presente um grande número de IIrm∴, inclusive o Grão-Mestre, Carlos A. Bolonha, da Grande Loja do vizinho país – Uruguai. À noite, fomos jantar no CTG local, onde assistimos números maravilhosos de danças tradicionais do RS. Isso no dia 10/5. No dia seguinte, pela manhã, houve uma Reunião da Loja de Perfeição, congregando todos os Irmãos do Grau 4 e acima, seguido de um almoço nas dependências da Loja.

O Venerável da "Rocha Negra", Irm∴ Dilmar Machado, foi um anfitrião a toda prova. Atendendo a tudo e a todos com a tradicional fidalguia dos gaúchos. À tarde, visitamos a Prefeitura de São Gabriel, onde o Prefeito, nosso Irm∴ EGLON MEYER CORRÊA, nos recepcionou (em outro local, estamos publicando o Ato em que o Prefeito considera como Hóspedes Oficias do Município, por dois dias, um grupo de 11 Irmãos).

À noite, no Clube Cacheiral, aconteceu o lançamento tão esperado do livro "ROCHA NEGRA – A LEGENDÁRIA", escrito pelo nosso querido Irm∴, Morivalde Calvet Fagundes.

Nesse livro, o Irm∴ Calvet descreve toda a trajetória dessa Loja Maçônica, que teve como privilégio ter Iniciado Manoel Deodoro da Fonseca;mais Marechal Proclamador da República, 1º Presidente Republicano, Grão-Mestre da Maçonaria Brasileira, Sob∴ Gr∴ Comend∴ do Supr∴ Cons∴ do Rito Escocês – tudo ao mesmo tempo; isto é, simultaneamente. Poucas Lojas Maçônicas tiveram o privilégio de ter sua história tão bem retratada em um livro, como a "Rocha Negra".

O lançamento do livro, como esperado, foi de pleno

êxito. Mais de 100 exemplares foram vendidos, somente naquele dia. E os Irmãos adquirentes, já no dia seguinte, só tinham rasgados elogios para com a obra. Mais uma consagração do General Morivalde, como escritor e historiador maçônico, em sua terra gaúcha, quebrando o velho tabu de que "Santo de casa não faz milagres". Faz sim! Só depende de sua "santidade", ou seja, da qualidade do "santo". E qualidade o velho gaúcho tem de sobra.

A Editora "A TROLHA" e nós, seus diretores, sentimo-nos privilegiados em estar participando desse momento marcante da vida maçônica brasileira, de sermos peças importantes nessa engrenagem, nessa Revolução Cultural Maçônica.

∴

Assim se desenvolveu o lançamento do livro **"ROCHA NEGRA – A LEGENDÁRIA"**, uma pesquisa completa sobre a Loja que teve o privilégio de Iniciar o Capitão Deodoro da Fonseca – futuro Marechal e Grão-Mestre do Grande Oriente do Brasil, e Proclamador da República.

O mais importante na minha vida maçônica foram as oportunidades que tive de estar presente nos grandes acontecimentos maçônicos do Brasil, conhecendo e convivendo com vultos como Morivalde Calvet Fagundes, Kurt Prober, Nicola Aslan, Teobaldo Varoli Filho, José Castellani, Antônio Henrique de **OLIVEIRA MARQUES** (Lisboa), Rizzardo da Camino, Aldo Alexandre Molla (Itália), Padre Valério Alberton, Padre Benimeli, Padre Aluísio Guerra, André Combes, Alec Mellor (França) e tantos outros. Esses Irmãos deixaram e vão deixar suas **marcas**, nos tijolos, nas pedras, no mármore, desse enorme **Edifício** que se chama MAÇONARIA.

Edifício este que nenhum **Osama Bin Laden**, incorporado na pele e no sangue de nossos Inimigos gratuitos, vão conseguir destruir...

Já tentaram. Mas deram com os burros n'água. O **Tribunal do Santo Ofício**, o **Papa Clemente 12**, e o **Papa Pio IX**, Hitler, Francisco Franco, Benito Mussolini – todos com seus **Boeing-767**, investiram contra o **Edifício** chamado Maçonaria. E ninguém conseguiu transformá-lo em ruínas. Agora, no final do século passado e no início deste, estão surgindo outros Bin Laden transvestidos de Pastores Evangélicos. Quando comparo Bin Laden com os Inimigos da Maçonaria, é porque Bin Laden, mergulhado nas fétidas águas do mar do fanatismo religioso está aí, como um velho mocho, amaldiçoando a Luz.

Quando escrevemos sobre um Irmão que não conhecemos, pessoalmente, nós não sentimos grande impacto. Nós ficamos orgulhosos, envaidecidos de fazermos parte dessa Ordem extraordinária, que já se agasalhou em seu seio imenso, uma imensidade de vultos que enriqueceram a raça humana; mas, quando escrevemos sobre alguém que conhecemos, que convivemos com ele – então o negócio é bem diferente.

De quando em quando vem um nó na garganta; uma lágrima quente, nos vem aos olhos; e uma saudade dolorida invade nosso peito, coração e alma.

Mas, propus a mim mesmo, que registraria em livros, a vida e a morte dos grandes amigos que tive. Já fiz isso com o Adauto Barreto da Silva Nen, com o Irmão **Fernando Salles Paschoal**, com o Irmão Nicola Aslan. Neste volume, com o Morivalde e o Mário Covas. O Mário, imortalizou-se nas lides da vida profana, embora sua condição de Maçom seja pouco conhecida. Por isso ele está aqui, neste volume, lado a lado, com o Morivalde e com Giuseppe Garibaldi.

Dentro do seu mundo, ao longo de suas vidas muito agitadas, eles souberam honrar os **Aventais** que portaram e o nome da Maçonaria.

Que os Irmãos do Rito Brasileiro não se esqueçam de festejá-los na data de seus aniversários, de nascimento e de morte.

Que os fundadores de Lojas, não esqueçam de seus nomes para **Títulos Distintivos**, de nova Oficinas.

É pena que a gente só desperta para esses fatos quando a morte começa a rondar nossos passos. Mas, nunca é tarde para se redimir de falhas que se praticou.

E é o que estou tentando fazer, já no poente da vida.

Mano "véio", General, eu deveria estar escrevendo sobre você, e acabo escrevendo sobre mim. Estou sempre pegando uma carona na garupa de um bagual teatino.

Para que não fique muito mais coisas para trás, vamos transcrever mais uma lista de seus feitos na Maçonaria.

1 – *Relatório apresentado à Loja "Bento Gonçalves nº 29", de Porto Alegre, RS, com o título de "É a Maçonaria Filosofia Espiritual, Moral, Social ou Metafísica?"*

2 – *Bento Gonçalves, palestra na Loja "Bento Gonçalves", Porto Alegre, RS, em 1950.*

3 – *Palestra abrindo o Inst. de Altos Estudos da Grande Loja da GB em 1968.*

4 – *"A Luta pela Liberdade", palestra na Loja "Luz da Restauração", do Rio de Janeiro, em 14.10.69.*

5 – *"Lições da História da Maçonaria", tese levada pela Grande Loja da GB, em 1969, à III Ass. Ge. da Conf. de Maç. Sim. do Brasil, em Manaus, AM.*

6 – *Saudação aos homens do espaço, na Rev. do Coifa, set./dez. 1969.*

7 – *O Problema da Regularidade no Panorama Internacional, Astréa, out. 1969.*

8 – *Palestra sobre A Semana da Pátria, realizada em São Paulo, para as Lojas da Grande Loja, reunidas em 3.9.1970.*

9 – *Saudação à Bandeira Nacional, na Loja "Luiz de Camões", Rio de Janeiro, em 1970.*
10 – *Caxias e a Maçonaria, carta ao jornal O Globo, em 27.9 1971.*
11 – *A. Tenório d'Albuquerque, na Rev. do Coifa, RJ, em 1971, nº 10.*
12 – *Proclamação nº 1 do Movimento Maçônico Moralizador, em 1971.*
13 – *Mozart, artigo no Brasil Maçônico, em nov. 1972.*
14 – *Cônego Januário, idem em out. 1972.*
15 – *Lêdo, idem, dez. 1972.*
16 – *Discurso de Instalação da Academia Maçônica de Letras, em 24.6.1972, na Assembléia Legislativa do Estado da Guanabara.*
17 – *Apresentação do livro de Kurt Prober, sobre o Duque de Caxias, em 1973.*
18 – *Apresentação do livro de Nicola Aslan, Grande Dicionário Enciclopédico de Maçonaria e Simbologia, em 1974.*
19 – *Discurso de posse da nova Diretoria, na ABML, no RJ, em 24.6.1974.*
20 – *Deodoro, artigo no Jornal dos Municípios, de BH, MG, em 22.3.1977.*
21 – *Caxias, discurso no Coifa, RJ, em 25.8.1977.*
22 – *O enigma kafkiano, artigo no Correio da Manhã, RJ, em 22.10.1966.*
23 – *Recepção ao Dr. Luís Ivani, na ABML, em 27.2.1978.*
24 – *Decálogo da Aliança da Fraternidade, em 16.12.1978.*
25 – *Frei Sampaio, artigo no Correio Maçônico, de dez. 1979.*
26 – *Recepção a Augusto de Magalhães, na ABML, em 13.6.1979.*
27 – *Apresentação da Ant. Poética Nac. Maç., em 1979.*
28 – *Aliança da Fraternidade, artigo no Correio Maç., jan. 1979.*
29 – *A Escada de Jacó, artigo, idem 1980.*

30 – *Centenário da Loja "Luiz de Camões", em 9.9.1980, RJ.*

31 – *Recepção a Vanildo de Senna, na ABML, no RJ, em 31.3.1980.*

32 – *Pela Unidade da Maçonaria Brasileira e Universal, Correio Maçônico, RJ, mar. 1980.*

33 – *O Estudo da Maç∴ nas Universidades – Jornal da PB, em 14.9.1980.*

34 – *Discurso de Instalação da Acad. Amaz. Maç. de Letras, em Manaus, AM, em 22.3.1980.*

35 – *São João – Nosso Padroeiro – Conf. em 24.6.1981, no G. O. do RS, em Porto Alegre, RS.*

36 – *Introdução ao livro de Rizzardo da Camino, "Ápice da Pirâmide", em 1981.*

37 – *Recepção de Silvio de Macedo, na ABML, em 1981.*

38 – *Discurso de Encerramento do I Congresso Maçônico Int., no RJ, em 21.3.1981.*

39 – *Conferência sobre Gonçalves Lêdo, em 16.12.1981, no G. O. Ind. do RJ, no RJ.*

40 – *Mãe, artigo em A Palavra, de São Borja, RS, em 2.5.1981.*

41 – *O Verdadeiro Patriarca da Independência, conferência na Loja "Amor, Fraternidade e Justiça", no RJ, em 14.12.1981.*

42 – *Parecer sobre a tese de Nicola Aslan, no I Congresso, em 1981.*

43 a 60 – 17 pareceres no mesmo Congresso.

61 – *A Maçonaria e a Natureza, tese do mesmo Congresso.*

62 – *O Materialismo e a Maçonaria, idem, idem.*

63 – *Pela Unidade da Maçonaria, tese no Congresso Maçônico de Londrina, PR, em 1982.*

64 – *Machado de Assis, conf. na A. Guan. de Letras, RJ, em 22.11.1982.*

65 – *Discurso de Posse na Acad. Letras e Música do Brasil, em Brasília, DF, em 9.11.1982.*

66 – *A Bandeira do Brasil como Símbolo Supremo da Pátria, conf. em 19.11.1983, no Inst. dos Centenários, RJ.*

67 – *Uma Visão Dialética da Maçonaria Brasileira, tese do I Congresso Maçônico do Piauí, em 15.10.1983.*
68 – *Um Santo Amigo dos Maçons – comunicação ao II Congresso Maç. Int. do RJ, em 1983.*
69 – *Trânsito Controlado – Proposta – RJ, em 6.6.1983.*
70 – *Ata 542 do Sabadoyle, em 30.6.1984.*
71 – *Palestra em 3 Corações, MG, em Congresso Maçônico na Loja Maçônica, em 21.8.1984, sobre Unidade da Maçonaria.*
72 – *Palestra na Grande Loja do RS, em 18.9.1984, sobre Rev. Farr., em Porto Alegre, RS.*
73 – *Idem em Piratini, RS, idem.*
74 – *Idem em Pelotas, na Loja "Fraternidade nº 3", em 21.9.1984.*
75 – *Conferência no Esoteric Center, no RJ, em 8.12.1984, sobre Maçonaria e o seu destino.*
76 – *O Conceito da Regularidade Maçônica, Piauí, em 1984.*

77 – *Fundação do Clube Brasileiro do Livro Maçônico, exposição de motivos, RJ, em 31.3.1984.*
78 – *Palestra sobre Maç∴ e a Rev. Farroupilha, em Piratini, RS, em 18.9.1985, em companhia do Grão-Mestre do RS, Dr. Luiz Carlos Costa.*
79 – *Palestra em Canguçu, RS, sobre Maç∴ e a Rev. Farroupilha, em 19.9.1985, em companhia do*

Grão-Mestre da Grande Loja do RS, Dr. Luiz Carlos Costa.

80 – *Idem idem, em São Gabriel, em 13.9.1985.*

81 – *Idem, na Escola Normal da mesma cidade.*

82 – *Idem em São Lourenço, em 25.9.1985.*

83 – *Idem em Pelotas, em 26.9.1985.*

84 – *Idem em Bagé, em 27.9.1985.*

85 – *Idem em Sant'Ana do Livramento, em 28.9.1985.*

86 – *Palestra em Poços de Caldas, MG, na Loj∴ Maç∴, em jul. 1985.*

87 – *Literatura Maçônica Brasileira e sua Análise Crítica – Série de 10 artigos em "A TROLHA", de 1985 a 1987.*

88 – *Palestra em São Gabriel, RS, na Loja "Rocha Negra", sobre o Sesquicentenário da Rev. Farroupilha, em 13.9.1985.*

89 – *Recepção ao Dr. Yves de Oliveira, na ABML, no RJ, em 21.3.1985, no Inst. dos Advogados Brasileiros.*

90 – *Homenagem a Vanildo de Senna, na Academia Guanabarina de Letras, em 13.3.1985.*

91 – *Palestra na Grande Loja do RS, em 18.3.1986, sobre Maçonaria Gaúcha.*

92 – *Idem em Ijuí, RS, idem, em 21.3.1986.*

93 – *Idem em Caxias do Sul, no III Congr. Maç. Int., sobre Diálogos com a Igreja, em 28.3.1986.*

94 – *Idem sobre Revelações da História da Maçonaria Gaúcha, em 29.3.1986.*

95 – *Idem sobre Perfil Psicológico de Bento Gonçalves (Gen.).*

96 – *Idem sobre Influência da Maçonaria no Mundo Profano.*

97 – *Idem sobre Maçonaria – Um Ensaio Filosófico, comunicação.*

98 – *Idem sobre Quais são os Verdadeiros Landmarques da Ordem.*

99 – *Esses Velhinhos Admiráveis, artigo em Astréa, dez. 1986.*

100 – *Rousseau e o Pacto Social – Conferência na Opus Cum Dignitate, em 1986.*
101 – *Palestra sobre Maçonaria Gaúcha, em Camapuã, em 4.3.1986.*
102 – *Idem em Piratini, na Loja "Rio Branco III", em 17.9.1986.*
103 – *Idem em Rosário do Sul, na Loja "Franklin Roosevelt", em 22.9.1986.*
104 – *Idem em Alegrete, na Loja "Ibirapuitã", em 24.9.1986.*
105 – *Idem em Passo Fundo, na Loja "Luz do Planalto", em 21.9.1986.*
106 – *Idem em Laguna, SC, em 27.9.1986, sobre SC na formação do RS.*
107 – *Idem em Ijuí, em 19.9.1986.*
108 – *Idem em Juiz de Fora, MG, sobre Unidade da Maç∴, em 1986.*
109 – *Idem em Cascavel, PR, idem, em 1986.*
110 – *Idem em Campinas, SP, Instalando a Acad. Camp. Maç. de Letras, em 1986.*
111 – *Palestra pela Unidade de Maç∴, em Maceió, AL, em 1986, no G. O. de Alagoas.*
112 – *Apresentação do livro "A Acácia há de Florescer", de Orestes Cipollati, RJ, em 1986.*
113 – *Artigo sobre o Almanaque Maçônico Astréa, para 5.846, na revista "A TROLHA", de 1986.*
114 – *Idem sobre o Sesquicentenário da Rev. Farroupilha, no Jornal de Pelotas, de 20.9.1986.*
115 – *Apresentação do livro de Carvalho Neves, sobre o Maçom Contemporâneo, em 1986.*
116 – *Benefícios da Democracia, palestra no quartel do 5º Regimento de Cavalaria, em Quaraí, RS, em 1946.*
117 – *A queda do preconceito da regularidade maçônica, artigo no RJ, no Correio Maçônico, em 1970.*
118 – *A Confederação e a Maçonaria Brasileira em Perigo, artigo no RJ, idem.*
119 – *A Maçonaria e o Divórcio, artigo, idem.*

120 – *A Igreja e a Maçonaria, idem.*
121 – *O Dever de Propor, artigo na Astréa, em 1969.*
122 – *O Sigilo Maçônico é Relativo, idem, jun. 1970.*
123 – *Ser Maçom, idem.*
124 – *Tradução de comentários maçônicos do americano, idem.*
125 – *Tese à X Conf. Int. de Supremos Conselhos, de Barranquilla, Colômbia, 1970, em português e inglês.*
126 – *Voltaire, artigo na revista do Colégio Universitário, de Porto Alegre, RS, em 1940.*
127 – *Recepção de Genulpho Hércules Pinto, na ABML, no RJ, 1974.*
128 – *A Valorização do Trabalhador Nacional, C. do Povo, em 1956.*
129 – *A História e os Historiadores, idem.*
130 – *A Nossa Única Guerra de Conquista, idem.*
131 – *O Espírito de Cayru, idem.*
132 – *1º Aniversário da Morte do gen. Sousa Docca, bol. do ERF/3, em 21.5.1946.*
133 – *Aniversário do estabelecimento, idem, 10.5.1946.*
134 – *1º de Maio – Dia do Trabalho, idem, 30.4.1946.*
135 – *Homenagem às Vítimas do Movimento Comunista, idem, 27.11.1946.*
136 – *Dia do Soldado, bol. do ERF/3, em 24.8.1945.*
137 – *Conto: "O meu amigo Rojão", na revista do COIFA, em 1962.*
138 – *Soneto "Divina Tolerância", idem.*
139 – *Soneto "Teus Olhos", idem.*
140 – *Revelações da Maçonaria Gaúcha, na revista de língua espanhola Hoy es História, de Montevidéu, Uruguai, em 1967.*
141 – *Reescrevendo a História do Brasil, idem, idem.*
142 – *Prefácio ao livro de N. Aslan sobre Gonçalves Lêdo, em 1975.*
143 – *As razões de Mário Behring, artigo na Astréa, de jan. 1970.*
144 – *O longo caminho da regularidade no Brasil, idem, mai. 1968.*

145 – *Razões do Rompimento com o GOB, idem 1969.*
146 – *O dia em que Massachusetts declarou o GOB irregular, idem, jun. 1969.*
147 – *Discurso de Posse na Presidência do Consistório Mário Behring, do RJ, em 1968.*
148 – *Frei Sampaio, artigo em O Cinzel, de Recife, PE, em 1978.*
149 – *Soneto Bodas de Ouro, em "A TROLHA", Londrina, PR, em 1987.*

BIBLIOGRAFIA

1. *A Maçonaria e as Forças Secretas da Revolução. Rio de Janeiro: Maçônica, s/d (1977).*
2. *Antologia Poética Nacional Maçônica. (Org. pela Academia Brasileira Maçônica de Letras). Colaboração do autor. V. 1. Rio de Janeiro: Anselmo F. Chaves, 1980.*
3. *Dicionário Bibliográfico Maçônico Brasileiro. Em preparo com Fernando Fagundes.*
4. *Estórias da Figueira Marcada. Rio de Janeiro: Ed. do autor, 1961.*
5. *História da Revolução Farroupilha. Rio Grande do Sul, 1984 e 1985.*
6. *Lôbo da Costa – Ascensão e Declínio de um Poeta. Porto Alegre: Sulina, 1954.*
7. *Maçonaria: Espírito e Realidade. Rio de Janeiro: Aurora, s/d (1982).*
8. *Os Maçons: sua Vida e sua Obra (a sair pela Coleção Pensamento Maçônico Contemporâneo, sob o patrocínio da Academia Brasileira Maçônica de Letras).*

E centenas de artigos, discursos, conferências, etc.

FONTES:

- *Anuário da Academia Brasileira Maçônica de Letras 1973/75.*
- *Arquivos da Academia Brasileira Maçônica de Letras.*
- *Nicola Aslan: "Apresentação", in A Maç∴ e as Forças Secretas da Revolução.*
- *Dados biográficos em Antol. Poet. Nac. Maç. – 1º vol.*

Esta Bibliografia apresentada até aqui está incompleta.

Ela abrange, somente, até 1987. Assim, também, como a Lista sobre seus feitos, na Maçonaria e na sua vida militar.

O Dicionário Bibliográfico ainda não foi publicado. Foi publicado em 1985, o livreto "Uma Visão Dialética sobre a Maçonaria", pela Editora Aurora, do Rio de Janeiro.

Em 1989, a Editora da Universidade de Caxias do Sul, RS, publicou:

– "Subsídios para a História da Literatura Maçônica Brasileira" – século XIX;

– "A Bandeira do Brasil como Símbolo da Pátria", Rio de Janeiro: Aurora, 1984.

À Sombra das Acácias

Morivalde Calvet Fagundes, que fez tantos panegíricos, teve também o seu, agora, feito pelo seu grande amigo e Irm∴ Carvalho Neves. São os ciclos da vida. E como dizia o querido amigo espanhol JESUALDO CARRENHO, pai de uma prole de Maçons – Reinaldo, Pedro e Wladimir Carrenho:

Neste mundo de mierda,
De cagar ninguém escapa...
Caga yo, caga usted,
Caga el bispo, caga el Papa.

O motivo dessa citação acima, é que o Amigo e Irm∴ **Carvalho Neves**, não conseguiu viver muito tempo longe do Morivalde, e o seguiu ao Oriente Eterno.

Morivalde Calvet Fagundes partiu em 23 de junho de 2000, e **Francisco das Chagas de Carvalho Neves** no dia 24 de novembro, do mesmo ano; com apenas 150 dias de diferença.

Logo, logo, estarei falando sobre **Carvalho Neves**, também. Só que, em outro volume desta coleção.

O velho espanhol Jesualdo tinha razão, embora usasse um portunhol bem chulo, para dizer que a morte é muito democrática. Ela não faz distinções entre pobres e ricos; entre brancos e pretos. De suas garras afiadas NINGUÉM ESCAPA.

Eis o que **Carvalho Neves** teve tempo de escrever sobre o velho Morivalde. Foi pequeno o texto, mas de uma grande sensibilidade.

Era um poeta nordestino, chorando a morte de um poeta gaúcho:

GENERAL CALVET CHEGA AO TOPO DA ESCADA DE JACOB

Irm∴ Carvalho Neves
Or∴ de Teresina – PI

Morivalde Calvet Fagundes chegou ao topo da Escada de Jacob, ontem, 23 de junho de 2000. Há tempos não mantinha contato com ele, como era amiúde num passado não muito distante. Mas os seus ensinamentos e o seu modo de viver maçonicamente sempre estiveram presentes na minha caminhada.

O seu caráter, a sua generosidade, a sua visão do mundo que conseguia albergá-lo por completo, e, sobretudo, o seu privilégio de ter sempre idéias novas e pô-las em prática e apoiar também idéias novas, fizeram dele, mesmo no alto dos seus oitenta anos, um jovem que nos guiava a todos que fazem a sua Academia, a Academia Brasileira Maçônica de Letras.

A neutralidade com que comandava a Academia Brasileira Maçônica de Letras até bem pouco tempo, fez com que congregassem sob o mesmo teto cultural escritores e pensadores Maçons de todas as Potências Maçônicas. O ecumenismo prático de sua labuta acadêmica permitia que Maçons e não Maçons partilhassem o saber maçônico, expressado de forma mais vigorosa nos Congressos Internacionais Maçônicos de História e Geografia, dos quais participavam pesquisadores e pensadores Maçons e não Maçons. Dentre eles, o Prof. Pe. José Ferrer Benimeli, da Universidad de Zaragoza, na Espanha.

A Academia Brasileira Maçônica de Letras foi seu maior legado, o que deu mais frutos. A partir dela, direta ou indiretamente, surgiram as academias maçônicas de letras por todo o Brasil. Os congressos internacionais maçônicos da ABML incentivaram direta ou indiretamente a publicação de livros maçônicos no Brasil. Hoje, o Maçom brasileiro conta com uma vasta bibliografia.

O escritor maçônico Morivalde Calvet Fagundes deixou vários livros maçônicos e não maçônicos. Era um escritor incansável. Quando concluía um livro, iniciava outro, com o vigor de jovem, como sempre.

Tive o raro privilégio de conviver com o General Calvet no dia-a-dia da Academia. Era um mestre que permitia e incentivava vôos do discípulo. Esteve aqui no Piauí, em 1984, para abrir os trabalhos do I Congresso Maçônico Piauiense, incentivando os Maçons piauienses em seu programa cultural. Fui, com muita honra, seu segundo vice-presidente na ABML em vários mandatos.

Hoje, ele contemplou a face do Senhor. Que o Grande Arquiteto do Universo o acolha em seus braços.

∴

CONCLUSÃO

Vamos parar por aqui, porque esta não é uma Biografia clássica, onde o biógrafo vai fundo na busca e narração dos detalhes. Eu só tenho boa vontade, faltando-me talento e conhecimento para exercer essa função, dentro das Letras Maçônicas. O que fiz, foi

alinhavar alguns dados sobre esse monstro sagrado **Morivalde Calvet Fagundes**, nome que a Maçonaria haverá de glorificar, a cada 23 de junho.

Aos Irmãos, Amigos e Familiares do Irm∴ Calvet, especialmente ao Irm∴ Sobrinho FERNANDO FAGUNDES, filho do Irm∴ Morivalde, peço mil desculpas se não soube dar ao seu Ilustre pai o tratamento que ele merecia.

Quando eu escrever um Trabalho sobre as Academias Maçônicas e Congressos, vou mostrar que sua participação nesses dois campos foi marcante; especialmente sobre as ACADEMIAS.

Até 21 de março de 1972, não havia no Brasil Maçônico uma única **Academia** Maçônica de Letras. Havia, sim, Três Centros de Estudos Maçônicos "ADORMECIDOS", e **um** funcionando – o meu Centro de Estudos Maçônicos Alécio José Gomes, em Jandaia do Sul, no Norte do Paraná. Digo meu Centro de Estudos, porque fui o seu Fundador, em 6 de setembro de 1971. Sendo, também, o primeiro Centro de Estudos Maçônicos do interior do Brasil.

Hoje, pouco mais de 30 anos, para o Centro de Estudos Maçônicos e 30 anos para a Academia Maçônica de Letras, o número de **Academias** e **Centros de Estudos Maçônicos** é digno de nota. E gostaria de fazer, aqui, um apelo ao Irm∴ LICÍNIO LEAL BARBOSA, Presidente da **Academia Brasileira Maçônica de Letras**, que não a deixe Adormecer.

Ela foi a Primeira Academia Maçônica, no mundo, ela foi o Protótipo de todas as Academias Maçônicas. Por isso é que peço, Irm∴ Licínio, Irm∴ Absaí Gomes Brito, Irm∴ Antônio do Carmo Ferreira, que, em Homenagem ao velho General Morivalde Calvet Fagundes, façam tudo para que a ACADEMIA PRIMAZ, do mundo, não abata suas Colunas, não destrua os ideais do Velho Gaúcho.

É só pensar que, hoje, existem mais de Trinta Academias Maçônicas espalhadas pelos 27 Estados da Federação, para que avaliemos a Importância dessa **Academia**, no **Concerto Cultural da Maçonaria**. Não podemos recuar agora. "Avançar sempre, recuar, jamais"; mesmo que se siga o conselho do Irm∴ Lênin. Dando dois passos à frente, você pode, até, recuar um passo. Só isso.

Vamos todos os Intelectuais Maçons, formar uma grande frente única, para reerguer a Academia Brasileira Maçônica de Letras, e torná-la o **"Centro de União"**, de que falava o Reverendo James

Anderson, de toda a Intelectualidade Maçônica, sem distinções de Obediências Maçônicas.

Este é o S.O.S. que envio aos Irmãos – Kurt Prober, Rizzardo da Camino, Waldir J. de Araújo, Venâncio Igrejas, Egydio Vieira Filho, Erasmo Martins Pedro, Tony Ramos, Licínio Leal Barbosa (Fundadores) e José Castellani, Frederico Guilherme Costa, Raimundo Rodrigues, Antônio do Carmo Ferreira, Octacílio Schüler Sobrinho, Oswaldo Ortega, Joaquim Pires, Eduardo Monteiro, Absaí Gomes, Mário Name, Hércule Spoladore, Sebastião Dodel, Alberto Mansur, William Dálbio, Ambrósio Peters, Armando Righetto, Gilson da Silveira, Silveirinha, Heinz Holand Jakobi, João Alves da Silva, Luiz Gonzaga da Rocha, Paulo Sérgio Rodrigues, Rubens Barbosa de Mattos, e outros, para que arregacemos as nossas mangas, e levantemos, bem alto, as Colunas da Academia. Vamos ajudar o Licínio, o Absaí, o Do Carmo, nessa doce empreitada.

Um por todos e todos pela Academia Brasileira Maçônica de Letras, que agora, em 21 de março, estará completando 30 anos de existência.

NOTAS

1 – VANILDO DE SENNA, enquanto viveu, foi um grande colaborador da Revista "A TROLHA". Sua produção literária não foi muito grande, mas marcou sua passagem, tanto pela Academia como pela Maçonaria.

2 – POR UM ECLESIÁSTICO.

Esse Eclesiástico era o Padre Valério Alberton, Padre Jesuíta, que, tentando colaborar com um cunhado seu, que havia publicado no jornal "O GLOBO", um artigo sobre Duque de Caxias, afirmando que Caxias nunca tinha sido Maçom. E o comentário de apoio, ao Artigo, rendeu para o Padre Valério uma rajada de protestos – entre eles uma carta do Irm∴ Nicola Aslan, e outra do Irm∴ Morivalde Calvet. Essas cartas despertaram no Padre Valério Alberton um desejo de conhecer mais profundamente os "Mistérios" da Maçonaria, e fazendo isso se transformou num grande estudioso e grande defensor da Maçonaria.

3 – MÁRIO BEHRING

Em que pese a animosidade que Mário Behring conseguiu arregimentar contra si, por ter provocado com a CISÃO de 1927, ao criar as **Grandes Lojas do Brasil**, ele teve um papel muito importante. Foi ele que, com um grupo pequeno, mas dinâmico, de Irmãos fiéis e conseqüentes, em 17 de junho de 1927, criaram o maior sisma, na Maçonaria Brasileira, até então.

Há uma certa cortina de fumaça, encobrindo a existência desses valorosos Irmãos.

Quase não se encontra Biografias de Mário Behring, do seu Irmão e Amigo General Moreira Sampaio. O próprio Supremo Conselho de Jacarepaguá, e as Grandes Lojas, parece-me que não têm interesse em divulgá-los.

4 - NICOLA ASLAN

Sobre Nicola Aslan, nós já escrevemos, com a ajuda de seu filho, Ítalo Barroso Aslan, e publicamos no volume II, desta série.

Tivemos a alegria de reeditar quase todos os seus livros, inclusive seu **GRANDE DICIONÁRIO ENCICLOPÉDICO DE MAÇONARIA E SIMBOLOGIA**, o que há de mais completo no campo dos Dicionários Maçônicos. Às vezes, aparece alguém que contesta seus trabalhos sobre Ritualismo, todavia, no campo da História Universal da Maçonaria, ele é o único no Brasil, bem como Pioneiro.

5 - FUNDADORES E PATRONOS DA ACADEMIA MAÇÔNICA

Esta **Nota** é para esclarecer duas questões que têm sido motivo de críticas:

a) O fundador da Academia e titular da Cadeira 31, tendo como Patrono JOSÉ BONIFÁCIO, o Irm∴ João Nery Guimarães, que segundo os Estatutos, no seu Artigo 2º, que estabelece que seus Membros Efetivos são perpétuos. Perpétuo, que se estende para a vida toda. Pois bem, o Irm∴ João Nery Guimarães foi excluído, perdendo sua perpetualidade. Não vamos entrar nos detalhes, mas que é uma barbaridade, isso é. Um Imortal, que não é Imortal.

b) O Ato que alterou o número de Membros Efetivos, que passou de 40 para 81 Membros. Nessa nova leva de 41 Membros Efetivos, o Xico Trolha passou a Titular da Cadeira nº 46, que escolheu para seu Patrono, o Grande Maçom **Dario Vellozo**. Se por um lado, quebrou-se uma norma que não devia ser quebrada, por outro lado abriu espaço para mais 41 Irmãos, que preencheram essas vagas. Tenho certeza que os mesmos não criticaram esse ato.

6 - JORGE BUARQUE LYRA

A história desse Irmão é bastante ilustrativa, da incapacidade que existe entre nossos Irmãos, em apoiar um Irmão. Buarque Lyra, Maçom convicto, Membro da Igreja Evangélica, Presbiteriana. Escritor de grande valor, tanto no campo da Maçonaria, como no mundo profano.

O Pastor Presbiteriano **Eduardo Carlos Pereira** deixou a Igreja e fundou a Igreja Presbiteriana Independente, por ser contra a participação dos Membros da sua Igreja na Maçonaria. Ele era, talvez, o único dirigente da Igreja Presbiteriana, no Brasil, que não era Maçom.

Ao sair e criar outra Igreja, ele aproveitou para escrever um livro que era um libelo contra a Maçonaria.

Buarque Lyra escreveu um livro que ficou famoso, intitulado **"A MAÇONARIA E O CRISTIANISMO"**, onde ele rebateu crítica por crítica, que fora feita por Eduardo Carlos Pereira.

Pois bem, para não ir muito longe, quero somente registrar que conheci o Irmão Buarque Lyra, já em idade avançada, vendendo livros seus, de Loja em Loja, pelo interior do Paraná.

É triste saber o muito que esse Irm∴ fez pela Maçonaria, defendendo-a de seus Inimigos – assim, pobre, sem o apoio de seus Irmãos de Maçonaria.

Homero, poeta grego, faminto e cego, terminou seus dias palmilhando o chão da Grécia.

Luiz Vaz de Camões, o Pai da nossa Língua, com miserável pensão, que recebia dos donos do Poder, em sua terra, terra que ele cantou maravilhosamente nos **Lusíadas**, para não morrer de fome, como morreu seu escravo JAÓ, saía pelas ruas pedindo esmola e pão. Será que nós não vamos nunca aprender a respeitar quem se dedica a levar a seus pósteros algo que eles não foram capazes de produzir?

Irmão Jorge Buarque Lyra, perdoa-me por este desabafo, sem a sua autorização.

Editora Maçônica

A TROLHA

Redação, Diagramação,
Composição, Revisão, Arte-Final.

Av. Maringá, 335 – Fone: (43) **3327-1982**
Fax: (43) **3348-0915**
CEP 86060-000 – Londrina – Paraná

Home Page: http://www.atrolha.com.br
E-Mail: redacao@atrolha.com.br